パターン練習で
英文法が身につく！

小学

英文法パターンドリル①

be動詞・一般動詞・疑問詞・canの文

杉山一志

文英堂

はじめに

保護者のみなさまへ

本書を手に取っていただきありがとうございます。著者の杉山一志です。

小学校の英語教育では，3・4年生は「簡単な挨拶」や「歌を聞く」といった英語に触れる活動が中心である一方，5年生からはより多くの表現や語いを学んでいます。教科書の内容を見ると，扱われている表現は多岐に渡っており，語句やフレーズも子どもたちにとってなじみやすく，身近に感じられるように工夫されています。

しかしその一方，「英文法」を学び，ルールを理解することの優先順位は低くなっています。専門家の中には「英文法など学習させるから日本人は英語が使えない」と主張する人もいますが，特別な環境にいる人を除いて，日本で生活する私たちにとって「英文法」は非常に優れたツールだと思います。

個人差はあれ，小学生の中には大人顔負けの言葉遣いや表現を身につけている小学生もいます。もちろん突然そうなったわけではなく，トレーニングを経て習得した技能なのです。英語を母語とする子どもたちも同様です。彼らも，間違いの指摘，周囲の話す言葉との比較を経験しながら，自ら修正を繰り返します。「英文法は優れたツール」と書いたのは，「英文法」はそうした長いプロセスを大幅に短縮してくれるものだからです。

本書を含めた英文法パターンドリルシリーズの一貫した目標は「英語が持っている仕組み（文法）の理解」だけではなく，「仕組みを繰り返し練習することで，定着してもらう」ことです。また，本書では小学生が学ぶ単語に関しても，それぞれの文法項目と共に，段階を経て網羅的に学べるように工夫をしていますので，安心してご活用ください。本書シリーズでお子さまの英語学習の土台を作ることができれば，著者としてこれほど嬉しいことはありません。

杉山 一志

小学生のみんなへ

みんなは英語の勉強というとどんなイメージがありますか？ おもしろそう……むずかしそう……などいろいろありそうですね。

英語は世界の多くの人が使っている「ことば」です。英語がわかれば，楽しい動画を見たり，世界の人とコミュニケーションをとったりすることができるだけではありません。将来，外国で生活をしたり，仕事をしたりすることもできるでしょう。英語はみんながこれから大きく世界にはばたいていくための役に立つ道具にきっとなるでしょう。

みんなが目標や夢をかなえるために，少しでも役に立ちたいと思い，英語の練習ドリルを作りました。この本を使って学んだら，小学校で学習する英語はもちろん，中学や高校の英語の勉強の土台になると思います。ぜひ，いっしょに頑張って学んでいきましょう。

杉山 一志

本書の特色（保護者のみなさまへ）

本書は，小学英語で重要な英語のルール（英文法）を，パターン練習で確実に身につけるためのドリルブックです。

パターン練習とは

たとえば，I play the piano.「私はピアノをひきます。」という例文を，「私はテニスをします。」にします。

I play tennis.
次に「あなたはテニスをします。」にします。

You play tennis.
このように1つの英文の主語や動詞などを変え，くり返し書いて英文法を覚える練習方法です。

POINT 1　小学英語で重要な英語のルール（英文法）を50セクションにわけてあります。

　小学英語で習う英文法を50セクションに細かくわけているので，そのセクションで勉強するポイントや自分のわからないところ，苦手な部分がはっきりします。間違えた部分は何度も復習しましょう。

POINT 2　パート1〜5まで文法項目別にわかれており，パートの終わりには，確認テストがあります。

　1セクションと1回分の確認テストは1見開き2ページで構成しています。確認テストで間違えたら，セクションに戻って復習しましょう。

POINT 3　くり返し書くことで英語のルールがきちんと身につきます。

　各セクションは3つの問題から構成されています。文法事項にそった例文をくり返し書いて反復練習をすることで，英語のルールが自然と身についていきます。

本書の使い方

この本は英語のルール（英文法）を学習する本です。
ミニ解説やワードリストを読んで，Q1〜Q3の問題に書きこんで答えましょう。

ミニ解説

セクション内ではじめて学習することや重要なことをまとめています。
問題に答える前に読みましょう。

パート2「私は〜します。」の文①（一般動詞の文） 学習日 月 日

セクション

24 私たちは3つのリンゴがほしいです。
We want three apples.

／100点 答え ⇒ 別冊 p.15

125

I want 〜.のIをWe「私たちは」やThey「彼ら（彼女ら）は」に変えて，「私たちは〜がほしいです」「彼ら（彼女ら）は〜をほしがっています」という意味の文を作る練習をしましょう。ここでは「〜」の部分に「数字＋名詞s（複数）」の表現を使って文を作ってみましょう。また「some＋名詞s」は「いくつかの（名詞）」という意味で使われます。

主語	動詞	名詞
We	want	three apples.

（私たちは）（ほしい）（3つのリンゴ）
（私たちは3つのリンゴがほしいです。）

主語	動詞	名詞
They	want	some carrots.

（彼ら（彼女ら）は）（ほしい）（数本のニンジン）
（彼ら（彼女ら）は数本のニンジンをほしがっています。）

〈くだもの・野菜のワードリスト〉

apple（リンゴ） carrot（ニンジン） pineapple（パイナップル）
peach（モモ） pumpkin（カボチャ） cucumber（キュウリ）
orange（オレンジ） egg（卵） banana（バナナ） lemon（レモン）

数のワードリスト

one（1） two（2） three（3） four（4） five（5）

Q1 次の日本語の文に合うように，（　　　）内から正しいほうを選び，〇でかこみましょう。
(10点×4＝40点)

❶ 私たちは1つのパイナップルがほしいです。（ We are want / We want ）a pineapple.

❷ 私たちは3つのモモがほしいです。（ We want / I want ）three peaches.

❸ 彼らは4本のニンジンをほしがっています。（ They want / We want ）four carrots.

❹ 彼らは2つのカボチャをほしがっています。（ They want / They are want ）two pumpkins.

58

ワードリスト

問題に答えるのに必要なワードや重要なワードをまとめています。問題に答える前に確認しましょう。
また音声を聞いて実際に発音し，覚えましょう。

ポイント

役に立つ情報やまちがいやすいポイントがのっています。
ミニ解説と合わせて読みましょう。

各セクションに1つQRコードをのせています。ミニ解説の英文，ワードリスト，Q1〜Q3の解答の文の音声を聞くことができます。紙面上のQRコードを読み取ると，手軽に音声を聞くことができます。ほかにも無料音声アプリSigmaPlayer2や文英堂Webサイトからも音声をダウンロードいただけます。

※通信使用料は別途必要です。
※QRコードは(株)デンソーウェーブの登録商標です。

SigmaPlayer2
リスニングアプリ(音声再生用)
無料アプリで文英堂の参考書・問題集の音声を聞くことができます。音声の速度を3段階に調整できます。

🔍 App Store, Google Playで「シグマプレーヤー」を検索！

●通信料は別途必要です。動作環境は弊社ホームページをご覧ください。●App StoreはApple Inc.のサービスマークです。●Google PlayはGoogle LLCの商標です。

Q2 次の日本語の文に合うように，（　　）内の語を並べかえ，＝＝＝＝ に書きましょう。ただし，文のはじめにくる語も小文字になっています。(10点×3＝30点)

パート2　「私は〜します。」の文①（一般動詞の文）

❶ 私たちは3本のキュウリがほしいです。（ want / we / cucumbers / three ）.

❷ 彼らは4つのオレンジをほしがっています。（ four / they / want / oranges ）.

❸ 私たちは5つの卵がほしいです。（ five / want / we / eggs ）.

Q3 次の日本語の文を英語の文にかえ，＝＝＝＝ に書きましょう。(10点×3＝30点)

❶ 私たちは数本の (some) バナナがほしいです。

❷ 彼らは5つのレモンをほしがっています。

❸ 彼らは数本のニンジンをほしがっています。

ポイント▶ 単数と複数

2以上の数を表す言葉の後ろでは「名詞＋s」をつけて表します。このsは「形のs」と呼ばれていて「名詞が2つ（2人）以上」あることを表します。〔　〕が1つ（1人）であることを「単数」と呼びますが，その場合には，これまで習したa[an]＋名詞やone＋名詞で表し，名詞にsはつけません。

別冊解答　とりはずして使うことができます。本冊の縮小版なので，簡単に答え合わせができます。

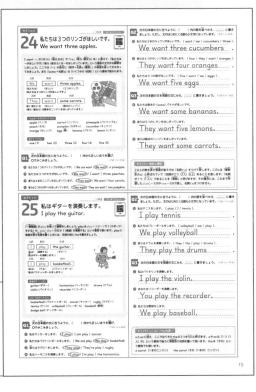

5

もくじ

パート1 「私は〜です。」の文（be動詞の文）

パート2 「私は〜します。」の文①（一般動詞の文）

パート3 「私は〜します。」の文②（一般動詞の否定文・疑問文）

パート4 「どんな〜ですか。」などの文（疑問詞の文）

パート5 「私は〜できます。/〜したいです。」の文（can/want to 〜の文）

英文を書くときの大切なルール

英語には，日本語とはちがうルールがあります。

英語では，右のような「四線」という4本線を使って練習をします。　I'm Riku.

1. 大文字で書きはじめ，最後にピリオドをつける

英語の文を書くときには，文のはじめの文字は大文字にします。また，単語と単語の間は，1文字分くらいのスペースをあけます。文のおわりにはピリオド (.) をつけます。

例　Thank you.　（ありがとうございます。）

↑ 大文字　　↑ 1文字分あける　　↑ ピリオド

文字と文字の間をつめたり，1文字分より広くあけたりしないようにしましょう。

2. 文のとちゅうでも，大文字ではじめる語がある

I（私は）やJohn（ジョン），Japan（日本）のような人名や国名，地名のはじめは大文字にします。

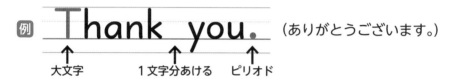

例　Matsuda Hikaru　（松田ひかる）

Australia　（オーストラリア）

I like Japan.　（私は日本が好きです。）

また，曜日や月も大文字ではじめます。

例　Sunday　（日曜日）　　December　（12月）

3. いろいろな記号を使うこともある

英文の中で使う記号について知っておきましょう。また，英文を書くときに忘れないようにしましょう。

❶ 「あなたは幸せですか。」のように，相手に何かをたずねるときには，「ピリオド (.)」ではなく「クエスチョンマーク (?)」をつけます。

例　Are you happy? （あなたは幸せですか。）

クエスチョンマーク

❷ 文の区切りをつけたいときには，「カンマ (,)」を使います。

例　Do you like tennis?

（あなたはテニスが好きですか。）

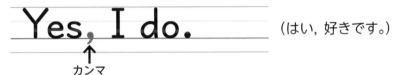

Yes, I do. （はい，好きです。）

カンマ

No, I do not. （いいえ，好きではありません。）

カンマ

❸ I'm (= I am) のように，2つの単語を短くちぢめて使う場合があります。このときには「アポストロフィー (')」を使います。

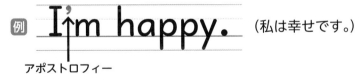

例　I'm happy. （私は幸せです。）

アポストロフィー

英文をなぞってみよう。

I'm Tom. I'm from London.

How are you? I'm fine.

セクション 1 アルファベット 大文字

/100点　答え ➡ 別冊 p.3

101

アルファベットはAからZまで26文字あります。それぞれに対し，大文字と小文字があります。ここでは大文字を学習します。大文字は1番上の線と赤い線の間に書きます。

A B C D E F G H I
J K L M N O P Q R
S T U V W X Y Z

Q1 正しいアルファベットの順番になるように，＿＿＿＿ に大文字を書きましょう。

（5点×8＝40点）

① C ＿＿＿＿ E

② F ＿＿＿＿ H

③ I ＿＿＿＿ K

④ L ＿＿＿＿ N

⑤ O ＿＿＿＿ Q

⑥ R ＿＿＿＿ T

⑦ U ＿＿＿＿ W

⑧ X ＿＿＿＿ Z

Q2 アルファベットが正しい順番になるように，（　　　　）内の大文字を並べかえ，＿＿＿＿ に書きましょう。

（8点×5＝40点）

❶ （ E / B / D / C / F ）

❷ （ I / H / K / J / G ）

❸ （ M / P / N / O / L ）

❹ （ S / R / U / Q / T ）

❺ （ Y / Z / W / V / X ）

Q3 AからZまで順番にアルファベットの大文字を ＿＿＿ に正しく書きましょう。

（20点）

セクション 2 アルファベット 小文字

／100点　答え ➡ 別冊 p.3

102

小文字も大文字と同じように a から z まで26文字あります。小文字には b と d，p と q などのように似た形があるので注意しましょう。また，小文字は大文字とちがい，1番上の線と1番下の線の間に，それぞれ正しい位置に書きましょう。

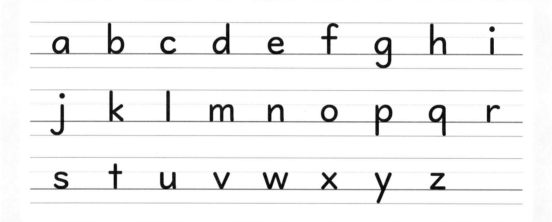

a b c d e f g h i
j k l m n o p q r
s t u v w x y z

Q1 次の大文字と対応するように，正しい小文字を ＝＝＝＝ に書きましょう。

（5点×8＝40点）

① B －
② E －
③ G －
④ H －
⑤ J －
⑥ Q －
⑦ R －
⑧ Y －

Q2 アルファベットが正しい順番になるように，（　　　　）内の大文字を並べかえ，小文字に直し，＿＿＿ に書きましょう。

(8点×5＝40点)

① （ T / D / M / I / G ）

② （ L / F / R / C / Y ）

③ （ H / S / K / B / P ）

④ （ N / U / E / W / O ）

⑤ （ Q / X / A / V / J ）

Q3 a から z まで順番にアルファベットの小文字を ＿＿＿ に正しく書きましょう。

(20点)

／100点　答え ➡ 別冊 p.4

セクション

3 ローマ字（ヘボン式）

日本人の名前や日本の地名などはローマ字であらわします。

	a ア	i イ	u ウ	e エ	o オ			
k	ka カ	ki キ	ku ク	ke ケ	ko コ	kya キャ	kyu キュ	kyo キョ
s	sa サ	shi シ	su ス	se セ	so ソ	sha シャ	shu シュ	sho ショ
t	ta タ	chi チ	tsu ツ	te テ	to ト	cha チャ	chu チュ	cho チョ
n	na ナ	ni ニ	nu ヌ	ne ネ	no ノ	nya ニャ	nyu ニュ	nyo ニョ
h	ha ハ	hi ヒ	fu フ	he ヘ	ho ホ	hya ヒャ	hyu ヒュ	hyo ヒョ
m	ma マ	mi ミ	mu ム	me メ	mo モ	mya ミャ	myu ミュ	myo ミョ
y	ya ヤ	-	yu ユ	-	yo ヨ			
r	ra ラ	ri リ	ru ル	re レ	ro ロ	rya リャ	ryu リュ	ryo リョ
w	wa ワ	-	-	-	wo ヲ			
n	n ン							

g	ga ガ	gi ギ	gu グ	ge ゲ	go ゴ	gya ギャ	gyu ギュ	gyo ギョ
z	za ザ	ji ジ	zu ズ	ze ゼ	zo ゾ	ja ジャ	ju ジュ	jo ジョ
d	da ダ	ji ヂ	zu ヅ	de デ	do ド			
b	ba バ	bi ビ	bu ブ	be ベ	bo ボ	bya ビャ	byu ビュ	byo ビョ
p	pa パ	pi ピ	pu プ	pe ペ	po ポ	pya ピャ	pyu ピュ	pyo ピョ

Q1 ローマ字の表記として正しいほうを（　　　　）内から選び，〇でかこみましょう。

（10点×4＝40点）

1. 京都　　（ Kiyoto / Kyoto ）

2. すし　　（ shushi / sushi ）

3. うどん　（ udon / ubon ）

4. 静岡　　（ Shizuoka / Shiduoka ）

Q2 次の日本語をローマ字にかえ ＝＝＝ に正しく書きましょう。（10点×3＝30点）

1. きもの

2. 九州

3. お好み焼き

Q3 例にならって，次の人の名前をローマ字で ＝＝＝ に正しく書きましょう。

（10点×3＝30点）

例　川島春花

Kawashima Haruka

1. 西谷健

2. 田中由里奈

3. 北野元太

答え ➡ 別冊 p.4

セクション 4

/100点

104

私はユカです。
I am Yuka.

「私は〜です」と言いたいときには I am 〜. と表現します。I は「私は」am は「〜です」という意味の単語です。I「私は」は主語，am「〜です」は be 動詞といいます。「〜」の部分には「人の名前」や「状態や様子を表す言葉（形容詞）」などを置きます。また I am 〜. は，I'm 〜. のように短縮して書くこともできます。

主語	be動詞	人の名前
I	am	Yuka.
（私は）	（〜です）	（ユカ）

（私はユカです。）

主語＋be動詞の短縮形	形容詞
I'm	happy.
（私は〜です）	（幸せ）

（私は幸せです。）

状態や様子を表すワードリスト

happy（幸せな）　　busy（いそがしい）　　sad（悲しい）
hungry（おなかがすいた）　　thirsty（のどがかわいた）　　tired（つかれた）

Q1 次の日本語の文に合うように，（　　　）内から正しいほうを選び，〇でかこみましょう。

（10点×3＝30点）

❶ 私はサクラです。

（ I am / I Am ）Sakura.

❷ 私はテッドです。

（ Am I / I am ）Ted.

❸ 私はいそがしいです。

（ I am / I ）busy.

Q2 次の日本語の文に合うように，（ 　　　 ）内の語を並<ruby>並<rt>なら</rt></ruby>べかえ，＿＿＿＿ に書きましょう。

（10点×3＝30点）

① 私はアンナです。

（ am / Anna / I ）.

_____

_____ •

_____

② 私はトムです。

（ Tom / I'm ）.

_____

_____ •

_____

③ 私は悲しいです。

（ I / sad / am ）.

_____

_____ •

_____

Q3 次の日本語の文を英<ruby>英語<rt>えい ご</rt></ruby>の文にかえ，＿＿＿＿ に書きましょう。 （10点×4＝40点）

① 私はデイビッド（David）です。

_____

_____

_____

② 私はおなかがすいています。

_____

_____

_____

③ 私はのどがかわいています。

_____

_____

_____

④ 私はつかれています。

_____

_____

_____

／100点　答え ➡ 別冊 p.5

セクション 5

私はねむくありません。
I am not sleepy.

105

I am 〜.の文を「私は〜ではありません」のように打ち消しの文にするときには，I amの後ろにnotを置いて表します。「〜ではありません」のような「打ち消しの文」を「否定文」と呼びます。「〜」の部分には「人の名前」や「形容詞」のほかに，teacher「先生」のような「職業を表す名詞」が置かれることもあります。名詞の前には「1人（1つ）の」を表すaを置いてa teacherのように表します。

主語	be動詞		形容詞	
I	am		sleepy.	（私はねむいです。）
（私は）	（〜です）		（ねむい）	

主語	be動詞	↓	形容詞
I	am	not	sleepy.
（私は）	（〜ありません）		（ねむく）

（私はねむくありません。）

ねむくないよ

状態や様子を表すワードリスト

sleepy（ねむい）　　angry（おこっている）　　hungry（おなかがすいた）
busy（いそがしい）　　sad（悲しい）

職業のワードリスト

doctor（医者）　　nurse（看護師）　　student（児童，生徒）
vet（じゅう医）　　pilot（パイロット）　　teacher（先生）

Q1 次の日本語の文に合うように，（　　　）内から正しいほうを選び，〇でかこみましょう。

（10点×3＝30点）

❶ 私はおこっていません。（ I am not / I not am ）angry.

❷ 私は医者ではありません。（ I am not / I not am ）a doctor.

❸ 私はおなかがすいていません。（ I not am / I'm not ）hungry.

Q2 次の日本語の文に合うように，（　　　）内の語を並べかえ，＝＝＝ に書きましょう。 （10点×3＝30点）

① 私は看護師ではありません。

（ I / not / am ）a nurse.

_____

_____ **a nurse.**

② 私は児童ではありません。

（ not / I'm ）a student.

_____

_____ **a student.**

③ 私はショウタではありません。

（ Shota / I'm / not ）．

_____

_____ **.**

Q3 次の日本語の文を英語の文にかえ，＝＝＝ に書きましょう。 （10点×4＝40点）

① 私はユイ（Yui）ではありません。

_____

_____

② 私はいそがしくありません。

_____

_____

③ 私はパイロットではありません。

_____

_____

④ 私は先生ではありません。

_____

_____

106

セクション

6

あなたは活動的です。
You are active.

＿＿＿＿＿／100点　答え ➡ 別冊 p.5

「あなたは〜です」という意味の文はYou are 〜. で表します。Youは主語で，areは be動詞です。「〜」の部分には「人の名前」や「状態や様子を表す形容詞」や「職業など を表す名詞」を置くことができます。職業を表す語のときにはa teacher「（1人の）先 生」のように，語の前にaを置くことを忘れないようにしましょう。またYou're 〜.の ように短縮した形もあります。

主語	be動詞	形容詞	
I	am	active.	（私は活動的です。）
（私は）	（〜です）	（活動的な）	

主語	be動詞	形容詞
You	are	active.
（あなたは）	（〜です）	（活動的な）

（あなたは活動的です。）

状態や様子を表すワードリスト

active（活動的な）　　kind（親切な）　　　　tall（背が高い）
rich（お金持ちな）　　funny（おもしろい）

職業のワードリスト

novelist（小説家）　　cook（コック）　　comedian（お笑い芸人）
YouTuber（ユーチューバー）　　pianist（ピアニスト）　　scientist（科学者）

Q1
次の日本語の文に合うように，（　　　）内から正しいほうを選び， 〇でかこみましょう。

（10点×3＝30点）

❶ あなたは親切です。（ You are / You ）kind.

❷ あなたは小説家です。（ You're / You ）a novelist.

❸ あなたはコックです。（ Are you / You are ）a cook.

Q2 次の日本語の文に合うように，（　　　　）内の語を並べかえ，＝＝＝ に書きましょう。ただし，文のはじめにくる語も小文字になっています。（10点×3＝30点）

① あなたはお笑い芸人です。

（ you / a comedian / are ）.

② あなたは背が高いです。

（ tall / you're ）.

③ あなたはユーチューバーです。

（ a YouTuber / you're ）.

Q3 次の日本語の文を英語の文にかえ，＝＝＝ に書きましょう。（10点×4＝40点）

① あなたはお金持ちです。

② あなたはピアニストです。

③ あなたは科学者です。

④ あなたはおもしろいです。

セクション

7 あなたはいそがしくありません。
You are not busy.

_____／100点　答え ➡ 別冊 p.6

107

「あなたは〜ではありません」という意味の文は，You are not 〜. のようにareの後ろにnotを置いて作ります。You aren't 〜. のように，短縮した形が使われることもあります。また，「〜」の部分にはJapanese（日本人）やChinese（中国人）のように，「国籍を表す語」が置かれることもあります。国籍を表す語の最初はいつも大文字にしましょう。

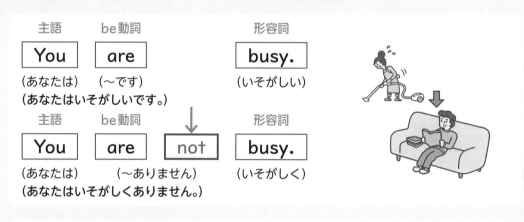

主語	be動詞		形容詞
You	are		busy.
（あなたは）	（〜です）		（いそがしい）

（あなたはいそがしいです。）

主語	be動詞	↓	形容詞
You	are	not	busy.
（あなたは）	（〜ありません）		（いそがしく）

（あなたはいそがしくありません。）

状態や様子を表すワードリスト

busy（いそがしい）　brave（ゆうかんな）　tired（つかれた）
honest（正直な）　friendly（親しみやすい）

人を表すワードリスト

lawyer（弁護士）　writer（作家）　dancer（ダンサー）
Japanese（日本人）　Chinese（中国人）　American（アメリカ人）

Q1 次の日本語の文に合うように，（　　　）内から正しいほうを選び，〇でかこみましょう。

（10点×4＝40点）

❶ あなたは弁護士ではありません。（ You are not / You not are ）a lawyer.

❷ あなたは作家ではありません。（ You not / You aren't ）a writer.

❸ あなたはゆうかんではありません。（ You are not / You not ）brave.

❹ あなたはつかれていません。（ You not are / You aren't ）tired.

Q2 次の日本語の文に合うように，（　　　）内の語を並べかえ，＿＿＿ に書きましょう。ただし，文のはじめにくる語も小文字になっています。（10点×3＝30点）

❶ あなたは正直ではありません。
(you / not / are) honest.

_____ honest.

❷ あなたは日本人ではありません。
(aren't / you / Japanese).

_____ •

❸ あなたは親しみやすくありません。
(not / you / friendly / are).

_____ •

Q3 次の日本語の文を英語の文にかえ，＿＿＿ に書きましょう。（10点×3＝30点）

❶ あなたはダンサーではありません。

_____

❷ あなたは中国人ではありません。

_____

❸ あなたはいそがしくありません。

_____

> **ポイント▶ You are not の短縮形**
>
> You are not は You're not とも短縮できます。

パート1　「私は〜です。」の文（be動詞の文）

セクション

8 あなたは歯医者さんですか。
Are you a dentist?

／100点　答え ➡ 別冊 p.6

108

相手に何かをたずねる「あなたは〜ですか」という意味の文を作るには，You are 〜. の文のYouとareの順番を入れ変えて，Are you 〜？と表現します。文のおわりには？（クエスチョンマーク）を置きましょう。相手に何かをたずねる文を「疑問文」と呼びます。

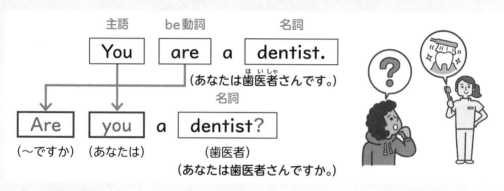

主語　be動詞　名詞

| You | are | a | dentist. |

（あなたは歯医者さんです。）

名詞

| Are | you | a | dentist? |

（〜ですか）（あなたは）　（歯医者）
（あなたは歯医者さんですか。）

人を表すワードリスト

dentist（歯医者）　programmer（プログラマー）　florist（花屋）
designer（デザイナー）　Spanish（スペイン人）　Korean（韓国人）

状態や様子を表すワードリスト

angry（おこっている）　happy（幸せな）　free（ひまな）
sick（病気だ）　popular（人気がある）

Q1 次の日本語の文に合うように，（　　　）内から正しいほうを選び，〇でかこみましょう。

（10点×3＝30点）

❶ あなたはプログラマーですか。
（ Are you / You are ）a programmer?

❷ あなたはおこっていますか。
（ Are you / You ）angry?

❸ あなたは幸せですか。
（ You are / Are you ）happy?

Q2 次の日本語の文に合うように，（　　　）内の語を並べかえ，＝＝＝ に書きましょう。ただし，文のはじめにくる語も小文字になっています。（10点×3＝30点）

① あなたは花屋ですか。

(are / a florist / you)?

_____

_____ ?

② あなたはスペイン人ですか。

(you / are / Spanish)?

_____

_____ ?

③ あなたはひまですか。

(you / are / free)?

_____

_____ ?

Q3 次の日本語の文を英語の文にかえ，＝＝＝ に書きましょう。（10点×4＝40点）

① あなたは韓国人ですか。

_____

_____

② あなたは病気ですか。

_____

_____

③ あなたは人気がありますか。

_____

_____

④ あなたはデザイナーですか。

_____

_____

セクション

9 「あなたは〜ですか」に対する答え方
Yes, I am. / No, I am not.

_____ ／100点　答え ➡ 別冊 p.7

109

Are you 〜?「あなたは〜ですか」という文に対する答え方を練習しましょう。「はい, そうです」と答えるときは, Yes, I am. と答えます。「いいえ, ちがいます」と答える場合には, No, I am[I'm] not. と答えます。

be動詞	主語		名詞
Are	you	a	dancer?

（〜ですか）　（あなたは）　　　（ダンサー）

（あなたはダンサーですか。）

Yes, I am.（はい, そうです。）

No, I am[I'm] not.（いいえ, ちがいます。）

職業のワードリスト

dancer（ダンサー）　　　soccer player（サッカー選手）

bus driver（バスの運転手）　flight attendant（客室乗務員）

singer（歌手）　　　　　police officer（警察官）

状態や様子を表すワードリスト

sleepy（ねむい）　　serious（真剣な）　　fine（元気な）　　tired（つかれた）

Q1 次の日本語の文に合うように,（　　　）内から正しいほうを選び, ○でかこみましょう。

（10点×3＝30点）

❶ あなたはサッカー選手ですか。— はい, そうです。

Are you a soccer player? — Yes, (I am / you are).

❷ あなたはバスの運転手ですか。— いいえ, ちがいます。

Are you a bus driver? — No, (I am not / you are not).

❸ あなたはねむいですか。— いいえ, ねむくありません。

Are you sleepy? — No, (I'm not / you're not).

Q2 次の日本語の文に合うように，（　　　）内の語や符号を並べかえ，＝＝＝ に書きましょう。ただし，文のはじめにくる語も小文字になっています。（10点×3＝30点）

❶ あなたは10才ですか。— いいえ，ちがいます。
Are you 10 years old? — (I'm / no / , / not).

— ＿＿＿＿＿＿＿＿＿＿＿＿＿＿＿＿＿＿＿＿＿＿＿＿＿＿
　＿＿＿＿＿＿＿＿＿＿＿＿＿＿＿＿＿＿＿＿＿＿＿＿ •

❷ あなたは客室乗務員ですか。— いいえ，ちがいます。
Are you a flight attendant? — (no / , / I / not / am).

— ＿＿＿＿＿＿＿＿＿＿＿＿＿＿＿＿＿＿＿＿＿＿＿＿＿＿
　＿＿＿＿＿＿＿＿＿＿＿＿＿＿＿＿＿＿＿＿＿＿＿＿ •

❸ あなたは真剣ですか。— はい，真剣です。
Are you serious? — (, / yes / am / I).

— ＿＿＿＿＿＿＿＿＿＿＿＿＿＿＿＿＿＿＿＿＿＿＿＿＿＿
　＿＿＿＿＿＿＿＿＿＿＿＿＿＿＿＿＿＿＿＿＿＿＿＿ •

Q3 次の日本語の文を英語の文にかえ，＝＝＝ に書きましょう。 （10点×4＝40点）

❶ あなたは歌手ですか。— はい，そうです。

Are you a singer? — ＿＿＿＿＿＿＿＿＿＿＿＿＿＿＿＿
＿＿＿＿＿＿＿＿＿＿＿＿＿＿＿＿＿＿＿＿＿＿＿＿＿＿

❷ あなたは警察官ですか。— いいえ，ちがいます。

Are you a police officer? — ＿＿＿＿＿＿＿＿＿＿＿
＿＿＿＿＿＿＿＿＿＿＿＿＿＿＿＿＿＿＿＿＿＿＿＿＿＿

❸ あなたは元気ですか。— はい，元気です。

Are you fine? — ＿＿＿＿＿＿＿＿＿＿＿＿＿＿＿＿＿＿
＿＿＿＿＿＿＿＿＿＿＿＿＿＿＿＿＿＿＿＿＿＿＿＿＿＿

❹ あなたはつかれていますか。— いいえ，つかれていません。

Are you tired? — ＿＿＿＿＿＿＿＿＿＿＿＿＿＿＿＿＿
＿＿＿＿＿＿＿＿＿＿＿＿＿＿＿＿＿＿＿＿＿＿＿＿＿＿

セクション

10 私たちは友達です。
We are friends.

＿＿＿＿／100点　答え ➡ 別冊 p.7

「私たちは〜です」と言いたいときには，We are 〜. を使います。また「彼ら（彼女ら）は〜です」と言いたいときには，They are 〜. を使います。「〜」の部分が名詞のときはa teacherではなく，teachersのように名詞の後ろにsをつけます。このsは「複数形のs」と呼ばれ，「2人（2つ）以上」であることを表します。また，We're 〜. やThey're 〜. のように短縮した形を使うこともできます。

主語	be動詞	名詞	
We	are	friends.	（私たちは友達です。）
（私たちは）	（〜です）	（友達）	

主語	be動詞	形容詞	
They	are	busy.	（彼ら（彼女ら）はいそがしいです。）
（彼ら（彼女ら）は）	（〜です）	（いそがしい）	

人を表すワードリスト

friend（友達）　　classmate（クラスメート）　　nurse（看護師）
pilot（パイロット）　　musician（ミュージシャン）　　pianist（ピアニスト）

状態や様子を表すワードリスト

busy（いそがしい）　　sleepy（ねむい）　　hungry（おなかがすいた）
tired（つかれた）　　angry（おこっている）

Q1 次の日本語の文に合うように，（　　　）内から正しいほうを選び，〇でかこみましょう。
（10点×4＝40点）

❶ 私たちはクラスメートです。 （ We are / They are ）classmates.

❷ 私たちはねむいです。 （ We / We're ）sleepy.

❸ 彼らは友達です。 （ We're / They're ）friends.

❹ 彼らはピアニストです。 （ They are / We are ）pianists.

Q2 次の日本語の文に合うように，（　　　）内の語を並べかえ，＿＿＿ に書きましょう。ただし，文のはじめにくる語も小文字になっています。（10点×3＝30点）

① 彼らは看護師です。（ are / nurses / they ）.

＿＿＿＿＿＿＿＿＿＿＿＿＿＿＿＿＿＿＿＿＿＿＿＿＿＿＿＿＿＿
＿＿＿＿＿＿＿＿＿＿＿＿＿＿＿＿＿＿＿＿＿＿＿＿＿＿＿＿＿＿

② 私たちはおなかがすいています。（ are / hungry / we ）.

＿＿＿＿＿＿＿＿＿＿＿＿＿＿＿＿＿＿＿＿＿＿＿＿＿＿＿＿＿＿
＿＿＿＿＿＿＿＿＿＿＿＿＿＿＿＿＿＿＿＿＿＿＿＿＿＿＿＿＿＿

③ 私たちはつかれています。（ we / tired / are ）.

＿＿＿＿＿＿＿＿＿＿＿＿＿＿＿＿＿＿＿＿＿＿＿＿＿＿＿＿＿＿
＿＿＿＿＿＿＿＿＿＿＿＿＿＿＿＿＿＿＿＿＿＿＿＿＿＿＿＿＿＿

Q3 次の日本語の文を英語の文にかえ，＿＿＿ に書きましょう。（10点×3＝30点）

① 彼らはパイロットです。

＿＿＿＿＿＿＿＿＿＿＿＿＿＿＿＿＿＿＿＿＿＿＿＿＿＿＿＿＿＿
＿＿＿＿＿＿＿＿＿＿＿＿＿＿＿＿＿＿＿＿＿＿＿＿＿＿＿＿＿＿
＿＿＿＿＿＿＿＿＿＿＿＿＿＿＿＿＿＿＿＿＿＿＿＿＿＿＿＿＿＿

② 私たちはミュージシャンです。

＿＿＿＿＿＿＿＿＿＿＿＿＿＿＿＿＿＿＿＿＿＿＿＿＿＿＿＿＿＿
＿＿＿＿＿＿＿＿＿＿＿＿＿＿＿＿＿＿＿＿＿＿＿＿＿＿＿＿＿＿
＿＿＿＿＿＿＿＿＿＿＿＿＿＿＿＿＿＿＿＿＿＿＿＿＿＿＿＿＿＿

③ 彼らはおこっています。

＿＿＿＿＿＿＿＿＿＿＿＿＿＿＿＿＿＿＿＿＿＿＿＿＿＿＿＿＿＿
＿＿＿＿＿＿＿＿＿＿＿＿＿＿＿＿＿＿＿＿＿＿＿＿＿＿＿＿＿＿
＿＿＿＿＿＿＿＿＿＿＿＿＿＿＿＿＿＿＿＿＿＿＿＿＿＿＿＿＿＿

パート1 「私は〜です。」の文（be動詞の文）

▶ ポイント▶ 形容詞に－sはつかない

今回，「複数形のs」について学習しましたが，sがつくのは「名詞」だけであることに注意しましょう。happy「幸せな」のような「形容詞」にはsをつけません。

〇 apples　　✕ happys

111

セクション 11

私たちは先生ではありません。
We are not teachers.

＿＿＿＿＿／100点　答え ➡ 別冊 p.8

「私たちは〜ではありません」や「彼ら（彼女ら）は〜ではありません」という意味の否定文を作りたい場合は，We are not 〜. や They are not 〜.のようにareの後ろにnotを置きます。We're not 〜. / We aren't 〜. やThey're not 〜. / They aren't 〜. のように短縮した形を使うこともできます。

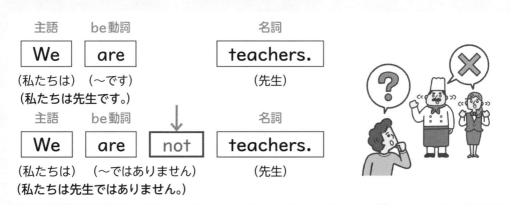

主語	be動詞		名詞
We	are		teachers.

（私たちは）　（〜です）　　　　　　（先生）
（私たちは先生です。）

主語	be動詞		名詞
We	are	not	teachers.

（私たちは）　（〜ではありません）　　（先生）
（私たちは先生ではありません。）

職業のワードリスト

teacher（先生）　　announcer（アナウンサー）　　journalist（ジャーナリスト）
carpenter（大工）　　actor（俳優）　　nurse（看護師）

状態や様子を表すワードリスト

angry（おこっている）　　careful（注意深い）
kind（親切な）　　free（ひまな）　　honest（正直な）

Q1 次の日本語の文に合うように，（　　　）内から正しいほうを選び，〇でかこみましょう。

（10点×4＝40点）

① 私たちはアナウンサーではありません。（ They are not / We are not ）announcers.

② 彼らはジャーナリストではありません。（ They are not / They not ）journalists.

③ 私たちはおこっていません。（ We're not / We not are ）angry.

④ 彼らは注意深くありません。（ They not / They aren't ）careful.

Q2 次の日本語の文に合うように，（　　　）内の語を並べかえ，＝＝＝ に書きましょう。ただし，文のはじめにくる語も小文字になっています。（10点×3＝30点）

❶ 私たちは大工ではありません。（ aren't / carpenters / we ）.

❷ 彼らは俳優ではありません。（ actors / they're / not ）.

❸ 彼らは親切ではありません。（ kind / they / not / are ）.

パート1

「私は～です。」の文（be動詞の文）

Q3 次の日本語の文を英語の文にかえ，＝＝＝ に書きましょう。（10点×3＝30点）

❶ 彼らはひまではありません。

❷ 私たちは看護師ではありません。

❸ 彼らは正直ではありません。

・ポイント▶「複数形のｓ」のつけ方の例

1. ch / sh / o / xで終わる名詞にはesをつけることが多い
   peach「モモ」→ peaches　　box「箱」→ boxes
2. yで終わる名詞はyをiに変えてesをつけることが多い
   city「都市」→ cities　　library「図書館」→ libraries

セクション 12 あなたたちはお笑い芸人ですか。
Are you comedians?

112

／100点　答え ➡ 別冊 p.8

「あなたたちは〜ですか」や「彼ら（彼女ら）は〜ですか」という意味の疑問文を作るときにはAre you 〜？やAre they 〜？のように，文のはじめにAreを，文のおわりに，？（クエスチョンマーク）を置いて表現します。「はい」と答えるときには，Yes, we are.やYes, they are.を使います。また「いいえ」と答えるときには，No, we are not [we're not / we aren't].やNo, they are not[they're not / they aren't].を使います。theyは動物や物を指して「それらは」という意味もあります。

be動詞　　主語　　　　名詞

| Are | you | comedians? |

（〜ですか）（あなたたちは）　（お笑い芸人）
（あなたたちはお笑い芸人ですか。）

Yes, we are. （はい，そうです。）
No, we are not. （いいえ，ちがいます。）

名詞のワードリスト
comedian（お笑い芸人）　　engineer（エンジニア）　　bird（鳥）
peach（モモ）　　beetle（カブトムシ）　　box（箱）　　pilot（パイロット）

状態や様子を表すワードリスト
happy（幸せな）　　　　hungry（おなかがすいた）
funny（おもしろい）　　healthy（健康な）

Q1 次の日本語の文に合うように，（　　　　）内から正しいほうを選び，〇でかこみましょう。
（10点×4＝40点）

❶ 彼らはエンジニアですか。— いいえ，ちがいます。
（ Are they / Are you ） engineers? — No, they are not.

❷ あなたたちは幸せですか。— いいえ，幸せではありません。
Are you happy? — No, (we are not / they are not).

③ それらは鳥ですか。― はい，そうです。

Are they birds? ― Yes, (we are / they are).

④ それらはモモですか。― いいえ，ちがいます。

Are they peaches? ― No, (they aren't / they not are).

Q2 次の日本語の文に合うように，（　　　）内の語や符号を並べかえ，_____ に書きましょう。ただし，文のはじめにくる語も小文字になっています。（10点×3＝30点）

① あなたたちはおなかがすいているのですか。― いいえ，すいていません。

(you / are / hungry)? ― No, we are not.

_____ **?**

② それらはカブトムシですか。― はい，そうです。

(they / beetles / are)? ― Yes, they are.

_____ **?**

③ それらは箱ですか。― いいえ，ちがいます。

(boxes / are / they)? ― (they / no /, / not / are).

_____ **? ―** _____ **.**

Q3 次の日本語の文を英語の文にかえ，_____ に書きましょう。（10点×3＝30点）

① あなたたちはパイロットですか。― はい，そうです。

_____ **―** _____

② 彼らはおもしろいですか。― はい，おもしろいです。

_____ **―** _____

③ あなたたちは健康ですか。― はい，健康です。

_____ **―** _____

13 彼は歌手です。
He is a singer.

／100点　答え ➡ 別冊 p.9

113

「彼は～です」と言いたいときには，He is[He's] ～. と表現します。また「彼女は～です」と言いたいときには，She is[She's] ～. と表現します。be動詞は，これまで学習してきたam / areに加えて，今回学習するisの3種類があります。主語に合わせて使い分けることが大切です。

主語	be動詞		名詞
He	is	a	singer.
（彼は）	（～です）		（歌手）

（彼は歌手です。）

主語	be動詞	形容詞
She	is	busy.
（彼女は）	（～です）	（いそがしい）

（彼女はいそがしいです。）

職業のワードリスト

singer（歌手）　doctor（医者）　dancer（ダンサー）　photographer（写真家）
dentist（歯医者）　police officer（警察官）　taxi driver（タクシー運転手）

状態や様子を表すワードリスト

busy（いそがしい）　rich（お金持ちな）　brave（ゆうかんな）
cute（かわいらしい）　kind（親切な）

Q1 次の日本語の文に合うように，（　　　）内から正しいほうを選び，〇でかこみましょう。
（10点×4＝40点）

❶ 彼は医者です。（ He is / She is ）a doctor.

❷ 彼女はダンサーです。（ She is / He is ）a dancer.

❸ 彼女は写真家です。（ She is / She ）a photographer.

❹ 彼はお金持ちです。（ He / He is ）rich.

Q2 次の日本語の文に合うように，（ ）内の語を並べかえ， に書きましょう。ただし，文のはじめにくる語も小文字になっています。（10点×3＝30点）

❶ 彼はゆうかんです。 (brave / he / is).

●

❷ 彼女は歯医者です。 (is / she / a / dentist).

●

❸ 彼は警察官です。 (a / he / is / police officer).

●

Q3 次の日本語の文を英語の文にかえ， に書きましょう。（10点×3＝30点）

❶ 彼はタクシー運転手です。

❷ 彼女はかわいらしいです。

❸ 彼女は親切です。

ポイント▶ my（私の〜）の使い方

my father「私のお父さん」のようにmy＋名詞では「私の〜」という意味になります。

My father is a police officer.（私のお父さんは警察官です。）

セクション

14

彼女はアーティストではありません。
She is not an artist.

114

＿＿＿＿＿／100点　答え ➡ 別冊 p.9

「彼は〜ではありません」や「彼女は〜ではありません」と言いたいときには，He is not 〜. や She is not 〜. のように表します。また He isn't 〜. や She isn't 〜. のように，短縮した形を使うこともできます。「〜」の部分に入れる職業などを表す名詞にはふつう，前に a をつけますが，actor（俳優）や engineer（エンジニア）のように a / i / u / e / o の音で始まる語の前では，a の代わりに an をつけます。

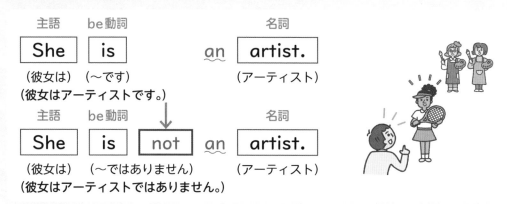

主語	be動詞		名詞
She	is		an artist.

（彼女は）（〜です）　　（アーティスト）
（彼女はアーティストです。）

主語	be動詞			名詞
She	is	not	an	artist.

（彼女は）（〜ではありません）　　（アーティスト）
（彼女はアーティストではありません。）

人を表すワードリスト

artist（アーティスト）　　florist（花屋）　　actor（俳優）
pianist（ピアニスト）　　my father（私のお父さん）　pilot（パイロット）
announcer（アナウンサー）　my mother（私のお母さん）　engineer（エンジニア）

状態や様子を表すワードリスト

active（活動的な）　funny（おもしろい）　busy（いそがしい）　angry（おこっている）

Q1 次の日本語の文に合うように，（　　　）内から正しいほうを選び，〇でかこみましょう。

（10点×3＝30点）

❶ 彼女は花屋ではありません。（ She is not / He is not ）a florist.

❷ 彼は俳優ではありません。（ He not is / He is not ）an actor.

❸ 彼女は活動的ではありません。（ She isn't / She not ）active.

Q2 次の日本語の文に合うように，（　　　）内の語を並べかえ， ===== に書きましょう。ただし，文のはじめにくる語も小文字になっています。（10点×3＝30点）

❶ 彼はおもしろくありません。（ is / he / not / funny ）.

　　　　　　　　　　　　　　　　　　　　　　　　　　　　　　　　•

❷ 彼女はピアニストではありません。（ not / she / is / a pianist ）.

　　　　　　　　　　　　　　　　　　　　　　　　　　　　　　　　•

❸ 私のお父さんはパイロットではありません。（ a pilot / my father / isn't ）.

　　　　　　　　　　　　　　　　　　　　　　　　　　　　　　　　•

Q3 次の日本語の文を英語の文にかえ， ===== に書きましょう。（10点×4＝40点）

❶ 彼女はアナウンサーではありません。

❷ 私のお母さんはいそがしくありません。

❸ 彼女はおこっていません。

❹ 彼はエンジニアではありません。

パート1　「私は〜です。」の文（be動詞の文）

┌───┐
　ポイント▶ He[She] is not の短縮形

He is not は He's not，She is not は She's not とも短縮できます。
└───┘

115

セクション

15 彼はいそがしいですか。
Is he busy?

___／100点　答え ➡ 別冊 p.10

「彼は〜ですか」や「彼女は〜ですか」と言いたいときには，He is 〜. や She is 〜. の is を文のはじめに置いて，Is he 〜? や Is she 〜? のように表現します。答えるときには Yes, he is. / Yes, she is. や No, he is not[isn't]. / No, she is not[isn't]. のように表現します。また he の代わりに John（ジョン）や your father（あなたのお父さん），she の代わりに Mary（メアリー）や your mother（あなたのお母さん）などを使うこともできます。答えの文では，男性なら he を，女性なら she を使いましょう。

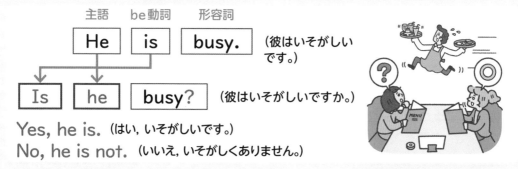

| 主語 | be動詞 | 形容詞 |

| He | is | busy. | （彼はいそがしいです。）

| Is | he | busy? | （彼はいそがしいですか。）

Yes, he is.（はい，いそがしいです。）
No, he is not.（いいえ，いそがしくありません。）

人を表すワードリスト

your mother（あなたのお母さん）　your father（あなたのお父さん）
nurse（看護師）　police officer（警察官）　comedian（お笑い芸人）

状態や様子を表すワードリスト

busy（いそがしい）　hungry（おなかがすいた）　tall（背が高い）
kind（親切な）　shy（はずかしがりな）

Q1 次の日本語の文に合うように，（　　）内から正しいほうを選び，○でかこみましょう。

（10点×3＝30点）

❶ 彼女はアナウンサーですか。（ Is she / She is ）an announcer?

❷ 彼は弁護士ですか。（ He is / Is he ）a lawyer?

❸ ジョンは俳優ですか。— はい，そうです。
　Is John an actor? — Yes, (he is / I am).

Q2 次の日本語の文に合うように,（　　　）内の語や符号を並べかえ, ＿＿＿ に書きましょう。ただし, 文のはじめにくる語も小文字になっています。（10点×3＝30点）

❶ あなたのお母さんは看護師ですか。 — いいえ, ちがいます。
(a nurse / is / your mother)? — No, she is not.

＿＿＿＿＿＿＿＿＿＿＿＿＿＿＿＿＿＿＿＿＿＿＿＿＿＿ **?**

❷ メアリーはおなかがすいているのですか。 — いいえ, すいていません。
Is Mary hungry? — (isn't / no / , / she).

＿＿＿＿＿＿＿＿＿＿＿＿＿＿＿＿＿＿＿＿＿＿＿＿＿＿ **.**

❸ あなたのお父さんは警察官ですか。 — はい, そうです。
(your father / is / a police officer)? — Yes, he is.

＿＿＿＿＿＿＿＿＿＿＿＿＿＿＿＿＿＿＿＿＿＿＿＿＿＿ **?**

Q3 次の日本語の文を英語の文にかえ, ＿＿＿ に書きましょう。（10点×4＝40点）

❶ 彼女はお笑い芸人ですか。 — いいえ, ちがいます。

＿＿＿＿＿＿＿＿＿＿＿＿＿＿＿＿＿＿ — No, she is not.

❷ あなたのお父さんは背が高いですか。 — はい, 背が高いです。

＿＿＿＿＿＿＿＿＿＿＿＿＿＿＿＿＿＿ — Yes, he is.

❸ 彼は親切ですか。 — いいえ, 親切ではありません。

Is he kind? — ＿＿＿＿＿＿＿＿＿＿＿＿＿＿＿

❹ ケイト (Kate) ははずかしがりですか。 — はい, はずかしがりです。

Is Kate shy? — ＿＿＿＿＿＿＿＿＿＿＿＿＿＿＿

答え ➡ 別冊 p.10

セクション

16　これはボートです。
This is a boat.

116

「これは～です」や「あれは～です」と言いたいときには，This is ～.やThat is ～.と表現することができます。That is ～.はThat's ～.のように短縮した形を使うこともできます。「～」の部分にはa car ((1台の) 車)やa bag ((1つの) カバン)のように名詞を置きましょう。

主語	be動詞		名詞
This	is	a	boat.
(これは)	(～です)		(ボート)

(これはボートです。)

乗り物のワードリスト

boat (ボート)　　car (車)　　taxi (タクシー)
truck (トラック)　train (電車)　helicopter (ヘリコプター)
bus (バス)　　　bike (自転車)　airplane (飛行機)　　ship (船)

Q1 次の日本語の文に合うように，(　　　) 内から正しいほうを選び，〇でかこみましょう。

(10点×4＝40点)

❶ これは車です。
(This is / That is) a car.

❷ あれはタクシーです。
(That / That is) a taxi.

❸ あれはトラックです。
(That's / That) a truck.

❹ これは電車です。
(That is / This is) a train.

Q2 次の日本語の文に合うように，（　　　）内の語を並べかえ，＿＿＿ に書きましょう。ただし，文のはじめにくる語も小文字になっています。（10点×3＝30点）

❶ あれはヘリコプターです。（ is / that / a helicopter ）.

❷ これはバスです。（ a / bus / this / is ）.

❸ あれは自転車です。（ a / that's / bike ）.

Q3 次の日本語の文を英語の文にかえ，＿＿＿ に書きましょう。（10点×3＝30点）

❶ あれは飛行機です。

❷ これは船です。

❸ あれはボートです。

ポイント▶ 人をしょうかいする

This is 〜. や That is 〜. の，「〜」の部分に人の名前などを入れて，人のしょうかいをすることができます。This [That] is 〜.は「こちらは [あちらは] 〜です」という意味になります。

This is Mary.（こちらはメアリーです。）

答え ➡ 別冊 p.11

セクション

17 これはよいソファーではありません。
This is not a good sofa.

117

／100点

「これは〜ではありません」や「あれは〜ではありません」と言いたいときにはThis is not 〜.やThat is not 〜.を使って表現します。This isn't 〜. / That isn't 〜.[That's not 〜.] のように短縮した形を使うこともできます。またaと名詞の間にgood (よい) や large (大きい) のような「名詞をくわしく説明する語 (形容詞)」を置くことができます。

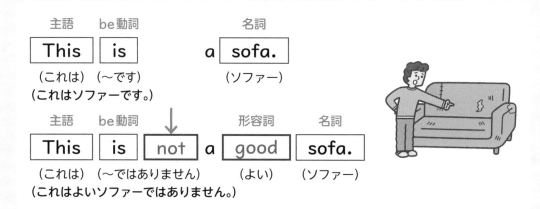

主語	be動詞		名詞
This	is	a	sofa.

（これは）　（〜です）　　　（ソファー）
（これはソファーです。）

主語	be動詞	↓		形容詞	名詞
This	is	not	a	good	sofa.

（これは）　（〜ではありません）　　（よい）　（ソファー）
（これはよいソファーではありません。）

家具のワードリスト

sofa (ソファー)　　　bed (ベッド)　　　　chair (イス)　　desk (机)
table (テーブル)　　cupboard (食器だな)　closet (クローゼット)

Q1 次の日本語の文に合うように，（　　　）内から正しいほうを選び，○でかこみましょう。

（10点×3＝30点）

❶ これはベッドではありません。
(This is not / This not) a bed.

❷ あれはイスではありません。
(That is not / This is not) a chair.

❸ あれは机ではありません。
(That's not / That not) a desk.

Q2 次の日本語の文に合うように，（　　　　）内の語を並べかえ，＝＝＝ に書きましょう。ただし，文のはじめにくる語も小文字になっています。（10点×3＝30点）

❶ これはテーブルではありません。
(a table / this / not / is).

❷ あれは食器だなではありません。
(not / that's / a cupboard).

❸ あれはよいベッドではありません。
(a good bed / that / isn't).

Q3 次の日本語の文を英語の文にかえ，＝＝＝ に書きましょう。（10点×4＝40点）

❶ あれはクローゼットではありません。

❷ これはよい（good）テーブルではありません。

❸ あれは大きな（large）イスではありません。

❹ これは安い（cheap）ベッドではありません。

／100点　答え ➡ 別冊 p.11

セクション
18 これはお寺ですか。
Is this a temple?

118

「これは〜ですか」や「あれは〜ですか」と言いたいときにはIs this 〜？やIs that 〜？を使って表現します。また，答え方はどちらの表現も「はい」のときにはYes, it is.を使います。「いいえ」のときにはNo, it is not.を使います。No, it's not.や No, it isn't.のように短縮した形を使うこともあります。

be動詞	主語		名詞
Is	this	a	temple?
（〜ですか）	（これは）		（お寺）

（これはお寺ですか。）

Yes, it is. （はい，そうです。）
No, it is not [it's not / it isn't]. （いいえ，ちがいます。）

建物のワードリスト

temple （お寺）　　　　　　　supermarket （スーパーマーケット）
hospital （病院）　　　　　　 park （公園）
elementary school （小学校）　police station （警察署）
convenience store （コンビニ）post office （郵便局）
station （駅）　　stadium （スタジアム）　restaurant （レストラン）

Q1 次の日本語の文に合うように，（　　　）内から正しいほうを選び， ○でかこみましょう。
（10点×3＝30点）

❶ これはスーパーマーケットですか。— はい，そうです。
　（ Is this / This is) a supermarket? — Yes, it is.

❷ あれは病院ですか。— いいえ，ちがいます。
　（ That is / Is that) a hospital? — No, (this isn't / it isn't).

❸ あれは公園ですか。— はい，そうです。
　（ Is that / Is this) a park? — Yes, (it is / he is).

Q2 次の日本語の文に合うように，（　　　）内の語や符号を並べかえ， ===== に書きましょう。ただし，文のはじめにくる語も小文字になっています。（10点×3＝30点）

❶ あれは小学校ですか。— いいえ，ちがいます。

(that / is / an elementary school) ? — No, it's not.

?

❷ これは警察署ですか。— はい，そうです。

(is / a police station / this) ? — Yes, it is.

?

❸ これはコンビニですか。— いいえ，ちがいます。

(a convenience store / is / this)? — No, it is not.

?

Q3 次の日本語の文を英語の文にかえ， ===== に書きましょう。（10点×4＝40点）

❶ これは駅ですか。— いいえ，ちがいます。

Is this a station? —

❷ これはレストランですか。— はい，そうです。

Is this a restaurant? —

❸ あれはスタジアムですか。— はい，そうです。

—

❹ あれは郵便局ですか。— はい，そうです。

—

確認テスト1

出題はんい　セクション 1 〜 セクション 18

答え ➡ 別冊 p.12

／100点

119

Q1 次の日本語の文に合うように，（　　）内から正しいほうを選び，〇でかこみましょう。

（3点×5＝15点）

（1）ユカはいそがしいです。　　Yuka (are / is) busy.

（2）私たちは生徒です。　　We (are / am) students.

（3）私は幸せです。　　I (are / am) happy.

（4）あなたは医者です。　　You (are / is) a doctor.

（5）私のお母さんは親切です。　My mother (am / is) kind.

Q2 次の日本語の文に合うように，＿＿＿ に適する語を1つ書きましょう。

（5点×4＝20点）

（1）あなたは親切です。

You ＿＿＿＿ kind.

（2）彼女はお笑い芸人です。

She ＿＿＿＿ a comedian.

（3）私のお父さんはとてもおこっています。

My father ＿＿＿＿ very angry.

（4）私たちは警察官です。

＿＿＿＿＿＿ police officers.

Q3 次の日本語の文に合うように，（　　　）内の語を並べかえ，＝＝＝ に書きましょう。ただし，文のはじめにくる語も小文字になっています。（8点×4＝32点）

(1) あれはお寺ですか。

(is / temple / a / that)?

_____ ?

(2) あなたはつかれていますか。

(tired / are / you)?

_____ ?

(3) 彼らはおなかがすいていますか。

(hungry / they / are)?

_____ ?

(4) あなたのお父さんは俳優ですか。

(father / is / your / actor / an)?

_____ ?

Q4 次の日本語の文を英語の文にかえ，＝＝＝ に書きましょう。（11点×3＝33点）

(1) 彼はのどがかわいて（thirsty）いません。

_____

(2) あなたはいそがしい（busy）ですか。— はい，いそがしいです。

_____ — _____

(3) 彼女は科学者（a scientist）です。

_____

セクション

19 私は英語が好きです。
I like English.

/100点　答え ➡ 別冊 p.12

120

be動詞のam / are / isのほかにlike（好きだ）やstudy（勉強する）のような動詞もあります。これらの動詞は**一般動詞**と呼ばれ，be動詞に比べてたくさんの種類があります。ここではlike（好きだ）という意味の一般動詞を使って練習をしていきましょう。

主語	動詞	名詞
I	like	English.
（私は）	（好きだ）	（英語）

（私は英語が好きです。）

教科のワードリスト

English（英語）　　Japanese（国語）　　moral education（道徳）
social studies（社会科）　math（算数）　　home economics（家庭科）
arts and crafts（図工）　music（音楽）　　P.E.（体育）
calligraphy（書写）　　science（理科）

Q1 次の日本語の文に合うように，（　　　）内から正しいほうを選び，〇でかこみましょう。

（10点×4＝40点）

❶ 私は算数が好きです。

（ I like / I am ）math.

❷ 私は体育が好きです。

（ I am like / I like ）P.E.

❸ 私は家庭科が好きです。

（ I like / I am like ）home economics.

❹ 私は理科が好きです。

（ I like am / I like ）science.

Q2 次の日本語の文に合うように，（　　　　）内の語を並べかえ，＝＝＝＝＝ に書きましょう。

（10点×3＝30点）

❶ 私は図工が好きです。

(like / I) arts and crafts.

＿＿＿＿＿＿＿＿＿＿＿＿＿ arts and crafts.

❷ 私は書写が好きです。

(like / I / calligraphy).

＿＿＿＿＿＿＿＿＿＿＿＿＿＿＿＿＿＿＿ •

❸ 私は社会科が好きです。

(social studies / I / like).

＿＿＿＿＿＿＿＿＿＿＿＿＿＿＿＿＿＿＿ •

Q3 次の日本語の文を英語の文にかえ，＝＝＝＝＝ に書きましょう。 （10点×3＝30点）

❶ 私は国語が好きです。

❷ 私は音楽が好きです。

❸ 私は道徳が好きです。

ポイント▶ like以外の代表的な一般動詞

speak（話す）　　I speak English.（私は英語を話します。）

study（勉強する）　I study math.（私は算数を勉強します。）

答え ➡ 別冊 p.13

セクション

20 あなたは野球が好きです。
You like baseball.

I like ～．「私は～が好きです」の主語のIをYouに変えると，「あなた (たち) は～が好きです」という文を作ることができます。Youは「あなたは」のほかに，「あなたたちは」という複数の意味を表すことができます。

主語	動詞	名詞
I	like	baseball.
(私は)	(好きだ)	(野球)

(私は野球が好きです。)

主語	動詞	名詞
You	like	baseball.
(あなた(たち)は)	(好きだ)	(野球)

(あなた(たち)は野球が好きです。)

スポーツのワードリスト

baseball (野球)　　　　soccer (サッカー)　　　tennis (テニス)
skiing (スキー)　　　　golf (ゴルフ)　　　　　rugby (ラグビー)
table tennis (卓球)　　　basketball (バスケットボール)
dodge ball (ドッジボール)　　skating (スケート)
volleyball (バレーボール)　　swimming (水泳)

Q1 次の日本語の文に合うように，（　　　）内から正しいほうを選び，〇でかこみましょう。

(10点×4＝40点)

① あなたはサッカーが好きです。（ You like / You are) soccer.

② あなたたちはテニスが好きです。（ You are / You like) tennis.

③ あなたはスキーが好きです。（ You are like / You like) skiing.

④ あなたたちはゴルフが好きです。（ You like / You're like) golf.

Q2 次の日本語の文に合うように，（　　　　）内の語を並べかえ，＝＝＝ に書きましょう。ただし，文のはじめにくる語も小文字になっています。（10点×3＝30点）

① あなたはラグビーが好きです。（ like / you / rugby ）.

② あなたたちは卓球が好きです。（ you / table tennis / like ）.

③ あなたはバスケットボールが好きです。（ like / you / basketball ）.

Q3 次の日本語の文を英語の文にかえ，＝＝＝ に書きましょう。（10点×3＝30点）

① あなたはスケートが好きです。

② あなたたちはバレーボールが好きです。

③ あなたは水泳が好きです。

ポイント▶ You like 〜 . の意味

You like 〜 . は相手の好みを確認したり，相手のことを理解していることを伝えるときにも使われます。日本語では「あなたは〜が好きなのですね。」のように考えるとよいでしょう。

You like dogs. （あなたはイヌが好きなのですね。）

答え ➡ 別冊 p.13

セクション

21 私たちはバドミントンが好きです。
We like badminton.

／100点

122

I like 〜.「私は〜が好きです」のIをWeに変えると，「私たちは〜が好きです」という意味になります。Theyに変えると「彼ら（彼女ら）は〜が好きです」という意味になります。また文のおわりにvery muchという語句を置くと「〜がとても好きです」という意味になります。

主語	動詞	名詞
We	like	badminton.
（私たちは）	（好きだ）	（バドミントン）

（私たちはバドミントンが好きです。）

スポーツのワードリスト

badminton（バドミントン）　　soccer（サッカー）　　baseball（野球）
tennis（テニス）　softball（ソフトボール）　dodge ball（ドッジボール）

教科のワードリスト

English（英語）　math（算数）　　　science（理科）
music（音楽）　　social studies（社会科）　Japanese（国語）

Q1 次の日本語の文に合うように，（　　　）内から正しいほうを選び，〇でかこみましょう。

（10点×3＝30点）

❶ 私たちは英語が好きです。

（ We like / You like ）English.

❷ 私たちは算数が好きです。

（ We like / They like ）math.

❸ 彼らはテニスが好きです。

（ They are like / They like ）tennis.

Q2 次の日本語の文に合うように，（　　　）内の語を並べかえ，＝＝＝ に書きましょう。ただし，文のはじめにくる語も小文字になっています。（10点×3＝30点）

❶ 私たちはサッカーが好きです。
（ like / we / soccer ）.

_____

_____ .

❷ 彼女らは音楽がとても好きです。
（ they / music / like ）very much.

_____

_____ very much.

❸ 私たちは社会科が好きです。
（ social studies / we / like ）.

_____

_____ .

Q3 次の日本語の文を英語の文にかえ，＝＝＝ に書きましょう。（10点×4＝40点）

❶ 彼らはソフトボールが好きです。

_____

_____

❷ 私たちは野球がとても好きです。

_____

_____

❸ 彼女らは国語が好きです。

_____

_____

❹ 私たちは理科がとても好きです。

_____

_____

パート2 「私は〜します。」の文①（一般動詞の文）

セクション

22 私はハンバーガーがほしいです。
I want a hamburger.

／100点　答え ➡ 別冊 p.14

123

likeに続いてwantを使って練習をしましょう。wantは「ほしい」という意味の一般動詞です。I want 〜.で「私は〜がほしい」という意味になります。ここでは食べ物や飲み物を表す単語とともに練習をしますが，飲み物を表す単語にはaやanをつけずに書きましょう。

主語	動詞		名詞
I	want	a	hamburger.
(私は)	(ほしい)		(ハンバーガー)

(私はハンバーガーがほしいです。)

主語	動詞	名詞
I	want	tea.
(私は)	(ほしい)	(紅茶)

(私は紅茶がほしいです。)

食べ物のワードリスト

hamburger (ハンバーガー)
fried chicken (フライドチキン)
sandwich (サンドウィッチ)
salad (サラダ)
parfait (パフェ)

cake (ケーキ)　　pizza (ピザ)
French fries (フライドポテト)
apple pie (アップルパイ)
curry and rice (カレーライス)
ice cream (アイスクリーム)

飲み物のワードリスト

tea (紅茶)
orange juice (オレンジジュース)
mango juice (マンゴージュース)

coffee (コーヒー)
green tea (緑茶)
cold water (冷たい水)

Q1 次の日本語の文に合うように，（　　）内から正しいほうを選び，〇でかこみましょう。

（10点×3＝30点）

❶ 私はケーキがほしいです。（ I want / I am ）cake.

❷ 私はピザがほしいです。（ I want / I am want ）a pizza.

❸ 私はコーヒーがほしいです。（ I want / I am want ）coffee.

Q2 次の日本語の文に合うように，（　　　）内の語を並べかえ，＿＿＿ に書きましょう。
（10点×3＝30点）

❶ 私はサンドウィッチがほしいです。（ want / I / a sandwich ）.

❷ 私はアップルパイがほしいです。（ apple pie / I / want ）.

❸ 私はオレンジジュースがほしいです。（ I / orange juice / want ）.

Q3 次の日本語の文を英語の文にかえ，＿＿＿ に書きましょう。 （10点×4＝40点）

❶ 私は緑茶がほしいです。

❷ 私はマンゴージュースがほしいです。

❸ 私は冷たい水がほしいです。

❹ 私はサラダがほしいです。

23 あなたはバナナジュースがほしいです。
You want banana juice.

＿＿＿＿＿／100点　答え ➡ 別冊 p.14

124

I want 〜.のIの代わりにYouを使ってYou want 〜.にすると「あなた（たち）は〜がほしいです（を望みます）」という意味になります。

主語	動詞	名詞
I	want	banana juice.
（私は）	（ほしい）	（バナナジュース）

（私はバナナジュースがほしいです。）

主語	動詞	名詞
You	want	banana juice.
（あなた（たち）は）	（ほしい）	（バナナジュース）

（あなた（たち）はバナナジュースがほしいです。）

食べ物のワードリスト

spaghetti （スパゲッティ）　　　　pizza （ピザ）
fried chicken （フライドチキン）　hamburger （ハンバーガー）
miso soup （みそしる）　　　　　sandwich （サンドウィッチ）

飲み物のワードリスト

banana juice （バナナジュース）　coffee （コーヒー）　cold water （冷たい水）
hot milk （ホットミルク）

Q1 次の日本語の文に合うように，（　　　）内から正しいほうを選び，〇でかこみましょう。

（10点×4＝40点）

❶ あなたはスパゲッティがほしいです。（ You want / You are ）spaghetti.

❷ あなたはピザがほしいです。（ You are want / You want ）a pizza.

❸ あなたは熱いお茶がほしいです。（ You are like / You want ）hot tea.

❹ あなたはオレンジジュースがほしいです。（ You want / I want ）orange juice.

Q2 次の日本語の文に合うように，（　　　）内の語を並べかえ， ＝＝＝ に書きましょう。ただし，文のはじめにくる語も小文字になっています。（10点×3＝30点）

❶ あなたはコーヒーがほしいです。（ coffee / want / you ）．

❷ あなたはフライドチキンがほしいです。（ want / you / fried chicken ）．

❸ あなたは冷たい水がほしいです。（ want / you / cold water ）．

Q3 次の日本語の文を英語の文にかえ， ＝＝＝ に書きましょう。（10点×3＝30点）

❶ あなたはホットミルクがほしいです。

❷ あなたはみそしるがほしいです。

❸ あなたはサンドウィッチがほしいです。

> ポイント▶ You want 〜. の意味
>
> You want 〜. は相手のほしいものを確認したり，相手のことを理解していることを伝えるときにも使われます。日本語の「あなたは〜がほしいのですね。」のように考えるとよいでしょう。

答え ➡ 別冊 p.15

セクション
24
私たちは3つのリンゴがほしいです。
We want three apples.

／100点

125

I want 〜.のIをWe「私たちは」やThey「彼ら（彼女ら）は」に変えて，「私たちは〜がほしいです」「彼ら（彼女ら）は〜をほしがっています」という意味の文を作る練習をしましょう。ここでは「〜」の部分に「数字＋名詞s（複数）」の表現を使って文を作ってみましょう。また「some＋名詞s」は「いくつかの（名詞）」という意味で使われます。

主語	動詞	名詞
We	want	three apples.

（私たちは）　（ほしい）　（3つのリンゴ）
（私たちは3つのリンゴがほしいです。）

主語	動詞	名詞
They	want	some carrots.

（彼ら（彼女ら）は）　（ほしい）　（数本のニンジン）
（彼ら（彼女ら）は数本のニンジンをほしがっています。）

くだもの・野菜のワードリスト

apple（リンゴ）　　carrot（ニンジン）　　pineapple（パイナップル）
peach（モモ）　　pumpkin（カボチャ）　　cucumber（キュウリ）
orange（オレンジ）　egg（卵）　　banana（バナナ）　　lemon（レモン）

数のワードリスト

one（1）　　two（2）　　three（3）　　four（4）　　five（5）

Q1 次の日本語の文に合うように，（　　　）内から正しいほうを選び，〇でかこみましょう。

（10点×4＝40点）

❶ 私たちは1つのパイナップルがほしいです。（ We are want / We want ）a pineapple.

❷ 私たちは3つのモモがほしいです。（ We want / I want ）three peaches.

❸ 彼らは4本のニンジンをほしがっています。（ They want / We want ）four carrots.

❹ 彼らは2つのカボチャをほしがっています。（ They want / They are want ）two pumpkins.

Q2 次の日本語の文に合うように，（　　　）内の語を並べかえ，══ に書きましょう。ただし，文のはじめにくる語も小文字になっています。（10点×3＝30点）

❶ 私たちは3本のキュウリがほしいです。（ want / we / cucumbers / three ）．

　　　　　　　　　　　　　　　　　　　　　　　　　　　　　　　 ・

❷ 彼らは4つのオレンジをほしがっています。（ four / they / want / oranges ）．

　　　　　　　　　　　　　　　　　　　　　　　　　　　　　　　 ・

❸ 私たちは5つの卵がほしいです。（ five / want / we / eggs ）．

　　　　　　　　　　　　　　　　　　　　　　　　　　　　　　　 ・

Q3 次の日本語の文を英語の文にかえ，══ に書きましょう。（10点×3＝30点）

❶ 私たちは数本の (some) バナナがほしいです。

❷ 彼らは5つのレモンをほしがっています。

❸ 彼らは数本のニンジンをほしがっています。

> ### ポイント▶ 単数と複数
> 2以上の数を表す言葉の後ろでは「名詞＋s」をつけて表します。このsは「複数形のs」と呼ばれていて「名詞が2つ（2人）以上」あることを表します。「名詞が1つ（1人）」であることを「単数」と呼びますが，その場合には，これまで学習したa[an]＋名詞やone＋名詞で表し，名詞にsはつけません。

59

セクション 25 私はギターを演奏します。
I play the guitar.

／100点　答え ➡ 別冊 p.15

126

「一般動詞」のplayを使って練習をしましょう。playはplay＋スポーツで「(スポーツ)をする」や，play＋the＋楽器で「(楽器)を演奏する」という意味で使います。playの後ろに楽器を表す名詞を置くときには，名詞の前にtheを置きましょう。

主語	動詞	名詞
I	play	the guitar.

（私は）　（演奏する）　　（ギター）
（私はギターを演奏します。）

主語	動詞	名詞
I	play	basketball.

（私は）　　（する）　　（バスケットボール）
（私はバスケットボールをします。）

楽器のワードリスト

guitar (ギター)　　　harmonica (ハーモニカ)　　　drums (ドラム)
violin (バイオリン)　　recorder (リコーダー)

スポーツのワードリスト

basketball (バスケットボール)　soccer (サッカー)　rugby (ラグビー)
tennis (テニス)　volleyball (バレーボール)　baseball (野球)
dodge ball (ドッジボール)

Q1 次の日本語の文に合うように，(　　　) 内から正しいほうを選び，〇でかこみましょう。

（10点×4＝40点）

❶ 私はサッカーをします。(I play / I am play) soccer.

❷ 私たちはバスケットボールをします。(We are play / We play) basketball.

❸ 彼らはラグビーをします。(They play / They're play) rugby.

❹ 私はハーモニカを演奏します。(I play / I'm play) the harmonica.

Q2 次の日本語の文に合うように，（　　　）内の語を並べかえ， ═══ に書きましょう。ただし，文のはじめにくる語も小文字になっています。（10点×3＝30点）

❶ 私はテニスをします。 (play / I / tennis).

❷ 私たちはバレーボールをします。 (volleyball / we / play).

❸ 彼らはドラムを演奏します。 (they / the / play / drums).

Q3 次の日本語の文を英語の文にかえ， ═══ に書きましょう。（10点×3＝30点）

❶ 私はバイオリンを演奏します。

❷ あなたはリコーダーを演奏します。

❸ 私たちは野球をします。

> **ポイント▶ a・an・theの違い**
>
> aとanに加え，ここで出てきたtheの3つを冠詞と呼びます。aやanは「1つ（1人）の」という意味で後ろに単数形の名詞を置いて使います。theは「その」という意味でも使います。
> a carrot （1本のニンジン）　　the carrot （その（1本の）ニンジン）

セクション

26 私は毎日，理科を勉強します。
I study science every day.

127

いろいろな一般動詞を使って練習をしましょう。下の文の中で使われている every day は（毎日）という意味です。ほかの表現に every morning（毎朝），every night（毎晩），every week（毎週），every month（毎月），every year（毎年）などがあります。

主語	動詞	名詞	
I	study	science	every day.
（私は）	（勉強する）	（理科）	（毎日）

（私は毎日，理科を勉強します。）

一般動詞のワードリスト

study（勉強する）　eat（食べる）　ride（乗る）　visit（おとずれる）
drink（飲む）　　　read（読む）　watch（見る）　swim（泳ぐ）
have（持っている）　go to 〜（〜に行く）　　　clean（そうじする）

Q1 次の日本語の文に合うように，（　　　）内から正しいほうを選び，〇でかこみましょう。
（10点×4＝40点）

❶ 私は毎週，ハンバーガーを食べます。

（ I eat / I drink ）a hamburger every week.

❷ 私は一輪車に乗ります。

（ I ride / I read ）a unicycle.

❸ 私たちは毎年，大阪をおとずれます。

（ We visit / We study ）Osaka every year.

❹ 彼らは毎朝，冷たい水を飲みます。

（ They drink / They watch ）cold water every morning.

Q2 次の日本語の文に合うように，（　　）内の語を並べかえ，＝＝＝ に書きましょう。ただし，文のはじめにくる語も小文字になっています。（10点×3＝30点）

① 私は毎日，小説を読みます。（ read / novel / a / I ）every day.

_____ every day.

② 彼らは毎週，映画を見ます。（ they / movie / watch / a ）every week.

_____ every week.

③ 私たちはプールで泳ぎます。（ swim / in the pool / we ）.

_____ .

Q3 次の日本語の文を英語の文にかえ，＝＝＝ に書きましょう。（10点×3＝30点）

① 私は車（a car）を持っています。

_____

② 私たちは毎日（every day），学校（school）に行きます。

_____

③ 彼らは毎週（every week），その部屋（the room）をそうじします。

_____

> **ポイント▶ 単語とセットの動詞**
>
> 英語の動詞の中には，別の単語とセットにして使われるものがあります。その代表的なものをしょうかいします。
>
> listen to 〜 （〜を聞く）　get up （起きる）　stand up （立ち上がる）

セクション

27 私はいつも学校に歩いて行きます。
I always walk to school.

＿＿＿＿＿／100点　答え ➡ 別冊 p.16

128

「ひんど」を表す単語について勉強しましょう。ひんどを表す単語は，always（いつも），usually（ふつうは），often（しばしば），sometimes（ときどき），never（全く〜ない）などがあります。これらの単語はふつう一般動詞の前に置いて使います。

主語		動詞	名詞
I		walk to	school.
（私は）		（〜に歩いて行く）	（学校）

（私は学校に歩いて行きます。）

主語	ひんどを表す語	動詞	名詞
I	always	walk to	school.
（私は）	（いつも）	（〜に歩いて行く）	（学校）

（私はいつも学校に歩いて行きます。）

一般動詞のワードリスト

walk to 〜（〜に歩いて行く）　run to〜（〜に走って行く）　read（読む）
play（（スポーツ）をする）　watch（見る）　study（勉強する）
speak（話す）　drink（飲む）　drive to〜（〜まで運転する）

Q1 次の日本語の文に合うように，（　　　）内から正しいほうを選び，〇でかこみましょう。

（10点×4＝40点）

❶ 私はしばしば学校まで走って行きます。 I (often / always) run to school.

❷ 私たちはときどき小説を読みます。 We (sometimes / often) read a novel.

❸ 私はいつも放課後，野球をします。
I (always / usually) play baseball after school.

❹ 彼らはふつう放課後，サッカーをします。
They (usually / sometimes) play soccer after school.

Q2 次の日本語の文に合うように，（　　　）内の語を並べかえ，＝＝＝＝ に書きましょう。ただし，文のはじめにくる語も小文字になっています。（10点×3＝30点）

❶ 私はしばしば映画を見ます。（ often / watch / I ）a movie.

_____ a movie.

❷ 私たちは全く音楽の勉強をしません。（ music / we / never / study ）.

_____ .

❸ 彼らはふつうオフィスに歩いて行きます。
（ usually / they / walk ）to the office.

_____ to the office.

Q3 次の日本語の文を英語の文にかえ，＝＝＝＝ に書きましょう。（10点×3＝30点）

❶ 私たちはふつう英語（English）を話します。

_____

❷ 私はときどきコーラ（cola）を飲みます。

_____

❸ 彼らはいつもオフィス（the office）まで運転します。

_____

┌─────────────────────────────────┐
│ ▶ポイント▶ ひんどを表す語 │

never	sometimes	often	usually	always
（全く〜ない）	（ときどき）	（しばしば）	（ふつうは）	（いつも）
0%	➡	50%	➡	100%

└─────────────────────────────────┘

確認テスト2

出題はんい
セクション **19 ～** セクション **27**

答え ➡ 別冊 p.17

／100点

129

Q1 次の日本語の文に合うように，（　　　）内から正しいほうを選び，〇でかこみましょう。

(3点×5＝15点)

(1) 私は音楽が好きです。 I (like / have) music.

(2) あなたはハンバーガーがほしいです。 You (study / want) a hamburger.

(3) 彼らは毎日，英語を勉強します。 They (study / play) English every day.

(4) 私たちはよい車を持っています。 We (watch / have) a good car.

(5) 彼らは放課後，サッカーをします。 They (have / play) soccer after school.

Q2 次の日本語の文に合うように，＿＿＿ に適する語を書きましょう。

(5点×4＝20点)

(1) 私は冷たい水がほしいです。

I ＿＿＿＿ cold water.

(2) 私は毎日，学校に行きます。

I ＿＿＿＿ to school every day.

(3) 私たちはときどきプールで泳ぎます。

We sometimes ＿＿＿＿ in the pool.

(4) 私は毎日，紅茶を飲みます。

I ＿＿＿＿ tea every day.

Q3 次の日本語の文に合うように，（　　　）内の語を並べかえ，＝＝＝ に書きましょう。ただし，文のはじめにくる語も小文字になっています。 （7点×3＝21点）

(1) 私たちはパンダが好きです。
(like / pandas / we).

_____
_____ •
_____

(2) 彼らはしばしばギターを演奏します。
(play / guitar / often / they / the).

_____
_____ •
_____

(3) 私たちは毎朝，コーヒーを飲みます。
(every morning / we / coffee / drink).

_____
_____ •
_____

Q4 次の日本語の文を英語の文にかえ，＝＝＝ に書きましょう。 （11点×4＝44点）

(1) 私たちは数個の卵 (some eggs) がほしいです。

_____
_____
_____

(2) 彼らは毎日，野球 (baseball) をします。

_____ every day.

(3) 私は毎晩，英語を勉強します。

_____ every night.

(4) あなたたちは放課後 (after school)，ピアノ (piano) を演奏します。

_____
_____
_____

セクション

28 私はマラソンが好きではありません。
I don't like marathons.

／100点　答え ➡ 別冊 p.17

130

I like ～.「私は～が好きです」という文を「私は～が好きではありません」という意味の否定文にするには，I do not like ～.にします。do notはdon'tのように短縮した形を使い，I don't like ～.のように表すこともできます。

主語		動詞	名詞
I		like	marathons.

（私はマラソンが好きです。）

主語	↓	動詞	名詞
I	don't	like	marathons.

（私は）　（好きではない）　（マラソン）
（私はマラソンが好きではありません。）

スポーツのワードリスト

marathon（マラソン）　soccer（サッカー）　　　tennis（テニス）
rugby（ラグビー）　　basketball（バスケットボール）　baseball（野球）
dodge ball（ドッジボール）

教科のワードリスト

calligraphy（書写）　　Japanese（国語）
social studies（社会科）　science（理科）

Q1 次の日本語の文に合うように，（　　）内から正しいほうを選び，○でかこみましょう。

（10点×3＝30点）

❶ 私はサッカーが好きではありません。 I (am not like / do not like) soccer.

❷ 私はテニスが好きではありません。 I (don't like / not like) tennis.

❸ 私は書写が好きではありません。
（ I like do not / I do not like) calligraphy.

Q2 次の日本語の文に合うように，（　　　）内の語を並べかえ，＝＝＝ に書きましょう。

（10点×3＝30点）

❶ 私はラグビーが好きではありません。

(rugby / do / I / not / like).

_____

_____

・

❷ 私はバスケットボールが好きではありません。

(do / I / like / basketball / not).

_____

_____

・

❸ 私は国語が好きではありません。

(don't / Japanese / I / like).

_____

_____

・

Q3 次の日本語の文を英語の文にかえ，＝＝＝ に書きましょう。 （10点×4＝40点）

❶ 私は野球が好きではありません。

_____

_____

_____

❷ 私はドッジボールが好きではありません。

_____

_____

_____

❸ 私は社会科が好きではありません。

_____

_____

_____

❹ 私は理科が好きではありません。

_____

_____

_____

セクション

29

彼らはキウイフルーツが好きではありません。
They don't like kiwi fruits.

131

＿＿＿＿＿＿／100点　答え ➡ 別冊 p.18

We like 〜.「私たちは〜が好きです」や They like 〜.「彼ら（彼女ら）は〜が好きです」という文を否定文にするときにも，like の前に do not や don't を置いて表します。

主語		動詞	名詞
They		like	kiwi fruits.

（彼ら（彼女ら）はキウイフルーツが好きです。）

主語		動詞	名詞
They	don't	like	kiwi fruits.

（彼ら（彼女ら）は）　（好きではない）　（キウイフルーツ）

（彼らはキウイフルーツが好きではありません。）

くだもの・野菜のワードリスト

kiwi fruit（キウイフルーツ）　eggplant（ナス）　broccoli（ブロッコリー）
pumpkin（カボチャ）　melon（メロン）　onion（タマネギ）
garlic（ニンニク）　lemon（レモン）　cauliflower（カリフラワー）
carrot（ニンジン）　mushroom（マッシュルーム）

Q1 次の日本語の文に合うように，（　　）内から正しいほうを選び，〇でかこみましょう。
（10点×4＝40点）

① 私たちはナスが好きではありません。
（ We do not like / We are not like ）eggplants.

② 私たちはブロッコリーが好きではありません。
（ We don't like / We aren't like ）broccoli.

③ 彼らはカボチャが好きではありません。
（ They don't like / They not like ）pumpkins.

④ 彼らはメロンが好きではありません。
（ They're not like / They don't like ）melons.

Q2 次の日本語の文に合うように，（　　　）内の語を並べかえ，＝＝＝ に書きましょう。ただし，文のはじめにくる語も小文字になっています。（10点×3＝30点）

❶ 彼らはタマネギが好きではありません。（ don't / like / onions / they ）.

＿＿＿＿＿＿＿＿＿＿＿＿＿＿＿＿＿＿＿＿＿＿＿＿＿＿ •

❷ 私たちはニンニクが好きではありません。（ do / not / like / we / garlic ）.

＿＿＿＿＿＿＿＿＿＿＿＿＿＿＿＿＿＿＿＿＿＿＿＿＿＿ •

❸ 私たちはレモンが好きではありません。（ lemons / don't / we / like ）.

＿＿＿＿＿＿＿＿＿＿＿＿＿＿＿＿＿＿＿＿＿＿＿＿＿＿ •

Q3 次の日本語の文を英語の文にかえ，＝＝＝ に書きましょう。（10点×3＝30点）

❶ 私たちはカリフラワーが好きではありません。

＿＿＿＿＿＿＿＿＿＿＿＿＿＿＿＿＿＿＿＿＿＿＿＿＿＿＿

❷ 彼らはニンジンが好きではありません。

＿＿＿＿＿＿＿＿＿＿＿＿＿＿＿＿＿＿＿＿＿＿＿＿＿＿＿

❸ 彼らはマッシュルームが好きではありません。

＿＿＿＿＿＿＿＿＿＿＿＿＿＿＿＿＿＿＿＿＿＿＿＿＿＿＿

ポイント▶「それほど〜ではない」という場合

very much はnotといっしょに使うと「それほど〜ではない」という意味になります。

They don't like kiwi fruits very much.

（彼らはそれほどキウイフルーツが好きではありません。）

132

セクション

30 あなたは夏が好きですか。
Do you like summer?

／100点　答え ➡ 別冊 p.18

You like 〜. 「あなた (たち) は〜が好きです」という文を「あなた (たち) は〜が好きですか」という意味の疑問文 (ぎもんぶん) にするには，文のはじめに Do を置いて文のおわりに？ (クエスチョンマーク) を置きます。

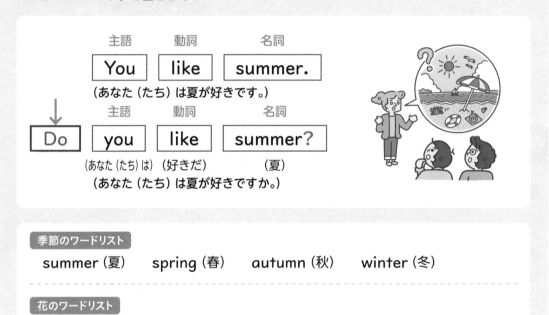

主語	動詞	名詞
You	like	summer.

（あなた (たち) は夏が好きです。）

	主語	動詞	名詞
Do	you	like	summer?

（あなた (たち) は）（好きだ）（夏）

（あなた (たち) は夏が好きですか。）

季節のワードリスト

summer (夏)　　spring (春)　　autumn (秋)　　winter (冬)

花のワードリスト

sunflower (ひまわり)　　tulip (チューリップ)　　cosmos (コスモス)
cherry blossom (桜 (さくら) の花)　　rose (バラ)

Q1 次 (つぎ) の日本語 (にほんご) の文に合うように，（　　）内から正しいほうを選び (えら) び，〇でかこみましょう。

(10点×4＝40点)

❶ あなたは夏が好きですか。（ Do you like / Are you like ）summer?

❷ あなたは春が好きですか。（ You do like / Do you like ）spring?

❸ あなたはひまわりが好きですか。（ Like you / Do you like ）sunflowers?

❹ あなたはコスモスが好きですか。（ Are you like / Do you like ）cosmoses?

Q2 次の日本語の文に合うように，（　　　）内の語を並べかえ， ===== に書きましょう。ただし，文のはじめにくる語も小文字になっています。（10点×3＝30点）

❶ あなたは秋が好きですか。（ you / do / like / autumn ）？

　　　　　　　　　　　　　　　　　　　　　　　　　　　　　？

❷ あなたは冬が好きですか。（ winter / do / you / like ）？

　　　　　　　　　　　　　　　　　　　　　　　　　　　　　？

❸ あなたはチューリップが好きですか。（ tulips / do / like / you ）？

　　　　　　　　　　　　　　　　　　　　　　　　　　　　　？

Q3 次の日本語の文を英語の文にかえ， ===== に書きましょう。（10点×3＝30点）

❶ あなたたちは春が好きですか。

❷ あなたは桜の花 (cherry blossoms) が好きですか。

❸ あなたはバラが好きですか。

　　ポイント▶ Are you ～？と Do you ～？

疑問文の Are you ～？では「～」の部分に名詞や形容詞が置かれましたね。疑問文の Do you ～？では「～」の部分には必ず一般動詞が置かれます。大切な内容なので，ここでもう一度確認しておきましょう。

セクション

31

「あなたは〜が好きですか。」に対する答え方
Yes, I do. / No, I don't.

／100点 答え ➡ 別冊 p.19

133

Do you like 〜?「あなた（たち）は〜が好きですか」という疑問文に答えるときには，「はい，（好きです）。」であれば，Yes, I do. や Yes, we do. を使います。「いいえ，（好きではありません）。」であれば No, I do not[don't]. や No, we do not[don't]. を使います。

主語	動詞	名詞

Do	you	like	gorillas?
（あなたは）	（好きだ）	（ゴリラ）	

（あなたはゴリラが好きですか。）

Yes, I do.（はい，好きです。）

No, I do not [don't].（いいえ，好きではありません。）

動物のワードリスト

gorilla（ゴリラ）　　dog（イヌ）　　　　　　bird（鳥）
tiger（トラ）　　　　hamster（ハムスター）　monkey（サル）
lion（ライオン）　　koala（コアラ）　　　　snake（ヘビ）
cat（ネコ）　　　　　rabbit（ウサギ）　　　　horse（ウマ）

Q1 次の日本語の文に合うように，（　　　）内から正しいほうを選び，〇でかこみましょう。

（10点×3＝30点）

❶ あなたはイヌが好きですか。— はい，好きです。

（ Do you like / Are you like ）dogs? — Yes, (I do / you do).

❷ あなたは鳥が好きですか。— いいえ，好きではありません。

（ Do you like / Are you like ）birds? — No, (I'm not / I don't).

❸ あなたたちはゴリラが好きですか。— いいえ，好きではありません。

（ Like you / Do you like ）gorillas? — No, (we don't / we aren't).

Q2 次の日本語の文に合うように，（　　　）内の語を並べかえ，＿＿ に書きましょう。ただし，文のはじめにくる語も小文字になっています。（10点×3＝30点）

❶ あなたはトラが好きですか。— はい，好きです。
　Do you like tigers? —（ I / , / yes / do ）.

　—＿＿＿＿＿＿＿＿＿＿＿＿＿＿＿＿＿＿＿ •

❷ あなたたちはハムスターが好きですか。— いいえ，好きではありません。
　Do you like hamsters? —（ don't / no / , / we ）.

　—＿＿＿＿＿＿＿＿＿＿＿＿＿＿＿＿＿＿＿ •

❸ あなたはサルが好きですか。— いいえ，好きではありません。
　Do you like monkeys? —（ not / no / , / I / do ）.

　—＿＿＿＿＿＿＿＿＿＿＿＿＿＿＿＿＿＿＿ •

Q3 次の日本語の文を英語の文にかえ，＿＿ に書きましょう。（10点×4＝40点）

❶ あなたはライオンが好きですか。— いいえ，好きではありません。

　Do you like lions? —＿＿＿＿＿＿＿＿＿＿＿＿＿

❷ あなたはコアラが好きですか。— はい，好きです。

　Do you like koalas? —＿＿＿＿＿＿＿＿＿＿＿＿＿

❸ あなたはヘビが好きですか。— いいえ，好きではありません。

　Do you like snakes? —＿＿＿＿＿＿＿＿＿＿＿＿＿

❹ あなたたちはネコが好きですか。— はい，好きです。

　Do you like cats? —＿＿＿＿＿＿＿＿＿＿＿＿＿

パート **3**　「私は～します。」の文②（一般動詞の否定文・疑問文）

134

セクション

32 彼らは料理が好きですか。
Do they like cooking?

／100点　答え ➡ 別冊 p.19

They like 〜. 「彼らは〜が好きです」という文を「彼らは〜が好きですか」という意味の疑問文にするときには，文のはじめにDoを置いて，文のおわりに？（クエスチョンマーク）を置きます。答えが「はい」のときはYes, they do.，「いいえ」のときはNo, they do not [don't].と答えます。このセクションの例文や問題では，「〜」の部分の単語がすべて-ingで終わっています。この-ingは「〜すること」という意味になります。

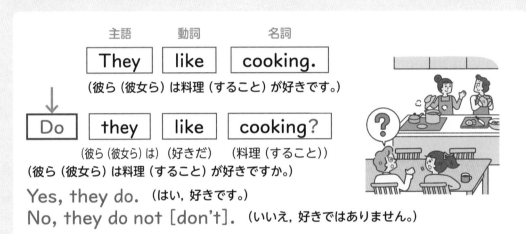

主語	動詞	名詞
They	like	cooking.

（彼ら（彼女ら）は料理（すること）が好きです。）

Do	they	like	cooking?

（彼ら（彼女ら）は）（好きだ）（料理（すること））

（彼ら（彼女ら）は料理（すること）が好きですか。）

Yes, they do. （はい，好きです。）
No, they do not [don't]. （いいえ，好きではありません。）

趣味のワードリスト

cooking （料理）　　swimming （水泳）　　dancing （ダンス）
shopping （買い物）　fishing （つり）　　camping （キャンプ）
driving （ドライブ）　reading （読書）　　skiing （スキー）
traveling （旅行）　　jogging （ジョギング）

Q1 次の日本語の文に合うように，（　　　）内から正しいほうを選び，〇でかこみましょう。

（10点×4＝40点）

❶ 彼らは水泳が好きですか。— はい，好きです。
　（ Do they like / Are you like ）swimming? — Yes, (they do / I do).

❷ 彼らはダンスが好きですか。— いいえ，好きではありません。
　（ They do like / Do they like ）dancing? — No, (they are not / they do not).

③ 彼らは買い物が好きですか。— いいえ，好きではありません。

(Do they like / Do you like) shopping? — No, (they don't / they aren't).

④ 彼らはつりが好きですか。— はい，好きです。

(Like they / Do they like) fishing? — Yes, (we do / they do).

Q2 次の日本語の文に合うように，（　　　）内の語を並<ruby>べ<rt>なら</rt></ruby>かえ，＝＝＝ に書きましょう。ただし，文のはじめにくる語も小文字になっています。（10点×3＝30点）

① 彼らはキャンプが好きですか。

(they / do / like / camping)?

_____

_____ **?**

_____

② 彼らはドライブが好きですか。— いいえ，好きではありません。

Do they like driving? — (no / , / they / not / do).

— _____

_____ **.**

③ 彼らは読書が好きですか。— いいえ，好きではありません。

Do they like reading? — (no / they / , / don't).

— _____

_____ **.**

Q3 次の日本語の文を英<ruby>語<rt>えいご</rt></ruby>の文にかえ，＝＝＝ に書きましょう。（10点×3＝30点）

① 彼らはスキーが好きですか。— はい，好きです。

Do they like skiing? — _____

_____

② 彼らは旅行が好きですか。— いいえ，好きではありません。

_____

_____ — No, they do not.

③ 彼らはジョギングが好きですか。— はい，好きです。

_____

_____ — Yes, they do.

33 私はビニールぶくろがほしくありません。
I don't want a plastic bag.

／100点　答え ➡ 別冊 p.20

135

I want 〜. 「私は〜がほしいです」という文を「私は〜がほしくありません」という意味の否定文にするときには，I do not want 〜.のようにwantの前にdo notを置いて表します。do notはdon'tのように短縮した形を使うこともできます。

主語		動詞	名詞
I		want	a plastic bag.

（私はビニールぶくろがほしいです。）

主語		動詞	名詞
I	don't	want	a plastic bag.
（私は）	（ほしくない）		（ビニールぶくろ）

（私はビニールぶくろがほしくありません。）

身のまわりのもののワードリスト

plastic bag (ビニールぶくろ)　car (車)　pencil (えんぴつ)　bike (自転車)
cap (ぼうし，キャップ)　map (地図)　smartphone (スマートフォン)
sofa (ソファー)　bag (カバン，ふくろ)　chair (イス)
computer (コンピューター)

Q1 次の日本語の文に合うように，（　　）内から正しいほうを選び，〇でかこみましょう。

(10点×4＝40点)

❶ 私は車がほしくありません。（ I do not want / I am not want ）a car.

❷ 私はえんぴつがほしくありません。（ I'm not want / I don't want ）a pencil.

❸ 私は自転車がほしくありません。（ I do not want / I not want ）a bike.

❹ 私はぼうしがほしくありません。（ I don't want / I want don't ）a cap.

Q2 次の日本語の文に合うように，（　　　　）内の語を並べかえ，＿＿＿＿ に書きましょう。

（10点×3＝30点）

❶ 私は地図がほしくありません。（ I / a map / not / do / want ）.

_____ .

❷ 私はスマートフォンがほしくありません。（ a smartphone / don't / want / I ）.

_____ .

❸ 私は大きなソファーがほしくありません。（ don't / I / want / a large sofa ）.

_____ .

Q3 次の日本語の文を英語の文にかえ，＿＿＿＿ に書きましょう。 （10点×3＝30点）

❶ 私はカバンがほしくありません。

_____

❷ 私はイスがほしくありません。

_____

❸ 私は高価な（expensive）コンピューターがほしくありません。

_____

ポイント▶ 何もほしくない場合

「何もほしくありません。」と言いたい場合にはI do not [don't] want anything.
と表現します。anythingは「何か」という意味の語ですが，否定文の中では「何
も〜ない」という意味を持ちます。

セクション

34 私たちは自転車がほしくありません。
We don't want a bike.

／100点　答え ➡ 別冊 p.20

136

We want 〜．「私たちは〜がほしいです」やThey want 〜．「彼らは〜をほしがっています」という文を否定文にするときには，We do not want 〜．やThey do not want 〜．のようにwantの前にdo notを置きます。このdo notはdon'tのように短縮した形を使うこともできます。

主語		動詞		名詞
We		want	a	bike.

（私たちは自転車がほしいです。）

主語	↓	動詞		名詞
We	don't	want	a	bike.

（私たちは）　（ほしくない）　　　　（自転車）
（私たちは自転車がほしくありません。）

身のまわりのもののワードリスト

bike（自転車）　　　car（車）　　　　　computer（コンピューター）
stapler（ホチキス）　eraser（消しゴム）　pencil（えんぴつ）
ruler（ものさし）　　gloves（手ぶくろ）　glasses（メガネ）
umbrella（かさ）　　notebook（ノート）

Q1 次の日本語の文に合うように，（　　　　）内から正しいほうを選び，〇でかこみましょう。

（10点×4＝40点）

❶ 私たちは車がほしくありません。

We (do not want / are not want) a car.

❷ 彼らはコンピューターをほしがっていません。

They (not want / do not want) a computer.

③ 私たちはホチキスがほしくありません。

(We don't want / We aren't want) a stapler.

④ 彼らは消しゴムをほしがっていません。

(They aren't want / They don't want) an eraser.

Q2 次の日本語の文に合うように，（　　　）内の語を並べかえ，＝＝＝＝ に書きましょう。ただし，文のはじめにくる語も小文字になっています。（10点×3＝30点）

① 彼らはえんぴつをほしがっていません。（ a pencil / do / they / not / want).

・

② 彼らはものさしをほしがっていません。（ don't / they / want / a ruler).

・

③ 私たちは手ぶくろがほしくありません。（ we / gloves / do / not / want).

・

Q3 次の日本語の文を英語の文にかえ，＝＝＝＝ に書きましょう。（10点×3＝30点）

① 彼らはメガネをほしがっていません。

② 彼らはかさ (an umbrella) をほしがっていません。

③ 私たちはノート (a notebook) がほしくありません。

セクション 35

あなたはマンガがほしいですか。
Do you want a comic book?

／100点　答え ➡ 別冊 p.21

137

You want 〜. 「あなた (たち) は〜がほしいです」という文を疑問文にするときには, Doを文のはじめに置き, 文のおわりに? (クエスチョンマーク) を置いて作ります。答えるときには, 「はい」であればYes, I do. / Yes, we do. を使います。「いいえ」であればNo, I do not[don't]. / No, we do not[don't]. を使います。

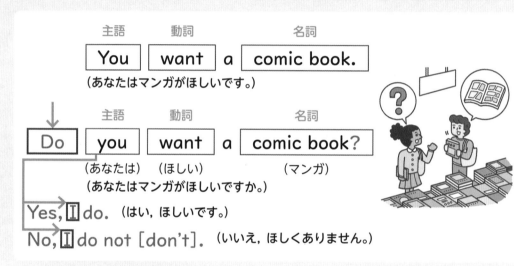

主語	動詞		名詞
You	want	a	comic book.

(あなたはマンガがほしいです。)

	主語	動詞		名詞
Do	you	want	a	comic book?

　　　(あなたは)　(ほしい)　　　(マンガ)
(あなたはマンガがほしいですか。)

Yes, I do. (はい, ほしいです。)
No, I do not [don't]. (いいえ, ほしくありません。)

身のまわりのもののワードリスト

comic book (マンガ)　　car (車)　　bike (自転車)　　notebook (ノート)
umbrella (かさ)　　bed (ベッド)　　eraser (消しゴム)
bag (カバン, ふくろ)　　map (地図)　　smartphone (スマートフォン)

Q1 次の日本語の文に合うように, (　　　) 内から正しいほうを選び, 〇でかこみましょう。

(10点×4＝40点)

❶ あなたはマンガがほしいですか。— はい, ほしいです。
(Do you want / Are you want) a comic book? — Yes, (I am / I do).

❷ あなたは新しい車がほしいですか。— いいえ, ほしくありません。
(Are you want / Do you want) a new car? — No, (I do not / I am not).

❸ あなたたちは自転車がほしいですか。— はい，ほしいです。

(Do you want / You do want) a bike? — Yes, (we are / we do).

❹ あなたたちはノートがほしいですか。— いいえ，ほしくありません。

(Do want you / Do you want) a notebook? — No, (we don't / you don't).

Q2 次の日本語の文に合うように，（　　　）内の語を並べかえ，===== に書きましょう。ただし，文のはじめにくる語も小文字になっています。（10点×3＝30点）

❶ あなたはかさがほしいですか。

(an / want / you / umbrella / do) ?

_____

_____ **?**

_____

❷ あなたはベッドがほしいですか。— いいえ，ほしくありません。

Do you want a bed? — (don't / no / , / I).

— _____

_____

_____ **•**

❸ あなたたちは消しゴムがほしいですか。— はい，ほしいです。

Do you want erasers? — (yes / do / we / ,).

— _____

_____ **•**

Q3 次の日本語の文を英語の文にかえ，===== に書きましょう。（10点×3＝30点）

❶ あなたはカバンがほしいですか。

_____

_____

_____

❷ あなたは地図がほしいですか。— いいえ，ほしくありません。

Do you want a map? **—** _____

_____

❸ あなたは新しい (new) スマートフォンがほしいですか。

_____

_____

_____

／100点 答え ➡ 別冊 p.21

セクション 36

彼らは新しいコンピューターがほしいですか。
Do they want a new computer?

138

They want 〜.「彼ら（彼女ら）は〜がほしいです」という文を疑問文にするときには，Doを文のはじめに置き，文のおわりに？（クエスチョンマーク）を置いて作ります。答えるときには，「はい」であればYes, they do.を使います。「いいえ」であればNo, they do not[don't].を使います。

	主語	動詞		名詞
Do	they	want	a new	computer?

（彼ら（彼女ら）は）（ほしい）（コンピューター）

（彼ら（彼女ら）は新しいコンピューターがほしいですか。）

Yes, they do. （はい，ほしいです。）
No, they do not [don't]. （いいえ，ほしくありません。）

身のまわりのもののワードリスト

computer（コンピューター） shampoo（シャンプー） towel（タオル） bucket（バケツ）
T-shirt（Tシャツ） soap（せっけん） jacket（ジャケット） wallet（財布）
bag（カバン） socks（くつ下） shoes（くつ）

色を表すワードリスト

blue（青の） black（黒の） red（赤の） white（白の） brown（茶色の）

 Q1 次の日本語の文に合うように，（　　　）内から正しいほうを選び，〇でかこみましょう。

（10点×4＝40点）

❶ 彼らは新しいシャンプーがほしいですか。— はい，ほしいです。
(Do they want / Are they want) a new shampoo? — Yes, (they do / I do).

❷ 彼らはタオルがほしいですか。— いいえ，ほしくありません。
(They want / Do they want) a towel? — No, (we do not / they do not).

❸ 彼らは大きなバケツがほしいですか。— はい，ほしいです。

(They do want / Do they want) a large bucket? — Yes, (they are / they do).

❹ 彼らはよいＴシャツがほしいですか。— はい，ほしいです。

(Do they want / They want do) good T-shirts? — Yes, (are they / they do).

Q2 次の日本語の文に合うように，（　　　）内の語を並べかえ，＝＝＝ に書きましょう。ただし，文のはじめにくる語も小文字になっています。（10点×3＝30点）

❶ 彼らはせっけんがほしいですか。 (they / do / want / any soap)?

＿＿＿＿＿＿＿＿＿＿＿＿＿＿＿＿＿＿＿＿＿＿＿＿＿＿＿＿＿
＿＿＿＿＿＿＿＿＿＿＿＿＿＿＿＿＿＿＿＿＿＿＿＿＿＿＿＿＿ ?

❷ 彼らは青のジャケットがほしいですか。— はい，ほしいです。

Do they want a blue jacket? — (do / yes / they / ,).

＿＿＿＿＿＿＿＿＿＿＿＿＿＿＿＿＿＿＿＿＿＿＿＿＿＿＿＿＿ .

❸ 彼らは黒の財布がほしいですか。

(do / want / they / a black wallet)?

＿＿＿＿＿＿＿＿＿＿＿＿＿＿＿＿＿＿＿＿＿＿＿＿＿＿＿＿＿
＿＿＿＿＿＿＿＿＿＿＿＿＿＿＿＿＿＿＿＿＿＿＿＿＿＿＿＿＿ ?

Q3 次の日本語の文を英語の文にかえ，＝＝＝ に書きましょう。 （10点×3＝30点）

❶ 彼らは赤のカバン (red bags) がほしいですか。

＿＿＿＿＿＿＿＿＿＿＿＿＿＿＿＿＿＿＿＿＿＿＿＿＿＿＿＿＿
＿＿＿＿＿＿＿＿＿＿＿＿＿＿＿＿＿＿＿＿＿＿＿＿＿＿＿＿＿

❷ 彼らは白のくつ下 (white socks) がほしいですか。

＿＿＿＿＿＿＿＿＿＿＿＿＿＿＿＿＿＿＿＿＿＿＿＿＿＿＿＿＿
＿＿＿＿＿＿＿＿＿＿＿＿＿＿＿＿＿＿＿＿＿＿＿＿＿＿＿＿＿

❸ 彼らは茶色のくつがほしいですか。— いいえ，ほしくありません。

Do they want brown shoes? — ＿＿＿＿＿＿＿＿＿＿＿＿＿＿＿
＿＿＿＿＿＿＿＿＿＿＿＿＿＿＿

確認テスト3

出題はんい　セクション **28** ～ セクション **36**

答え ➡ 別冊 p.22

／100点

139

Q1 次の日本語の文に合うように，(　　　) 内から正しいほうを選び，〇でかこみましょう。

(3点×4＝12点)

(1) 私はジョギングが好きです。　　　　　　I (like / don't like) jogging.

(2) 私はサンドウィッチがほしくありません。I (don't want / want) a sandwich.

(3) あなたはサッカーが好きですか。— はい，好きです。

Do you like soccer? — Yes, I (do / am).

(4) 彼らは冬が好きですか。— はい，好きです。

Do they like winter? — (Yes, they do. / No, they aren't.)

Q2 次の (　　) 内に入る語句を選び，記号で答えましょう。

(5点×4＝20点)

(1) 私は理科が好きではありません。

I (　　　) science.

ア　am not like　　イ　do not like　　ウ　not like

(2) あなたは新しい車がほしいですか。

(　　　) you want a new car?

ア　Are　　イ　Is　　ウ　Do

(3) 彼らはバナナが好きですか。— いいえ，好きではありません。

Do they like bananas? — No, they (　　　).

ア　aren't　　イ　don't　　ウ　isn't

(4) あなたは料理が好きではありません。

You (　　　) cooking.

ア　don't like　　イ　aren't like　　ウ　like don't

Q3 次の日本語の文に合うように，（　　　）内の語を並べかえ，＝＝＝ に書きましょう。ただし，文のはじめにくる語も小文字になっています。 （8点×4＝32点）

（1）彼らは熱いお茶がほしいですか。

（ want / they / hot tea / do ）?

_____

_____ ?

（2）あなたたちはチューリップが好きですか。

（ tulips / you / do / like ）?

_____

_____ ?

（3）私はカメラがほしくありません。

（ do / I / want / not / a camera ）.

_____

_____ .

（4）あなたは音楽が好きですか。― いいえ，好きではありません。

Do you like music? ― （ I / don't / , / no ）.

― _____

_____ .

パ
ー
ト
3

「
私
は
〜
し
ま
す
。
」
の
文
②
（
一
般
動
詞
の
否
定
文
・
疑
問
文
）

Q4 次の日本語の文を英語の文にかえ，＝＝＝ に書きましょう。 （12点×3＝36点）

（1）あなたはオレンジジュース（orange juice）がほしいですか。

_____

_____

（2）私たちは算数（math）が好きではありません。

_____

_____

（3）あなたたちは旅行（traveling）が好きですか。― いいえ，好きではありません。

Do you like traveling? ― _____

答え ➡ 別冊 p.22

セクション 37

これは何ですか。
What is this?

／100点

140

whatは「何」という意味の単語で，疑問詞といいます。このwhatを文のはじめに置いて後ろに続く文を疑問文の語順にすると，「〜は何ですか」「〜は何をしますか」のような意味を表すことができます。「疑問文の語順」は「be動詞＋主語」と「do＋主語＋一般動詞」の2種類がありましたね。

疑問詞	be動詞	主語	
What	is	this?	（これは何ですか。）
（何）	（〜です）	（これ）	

疑問詞		主語	動詞	
What	do	you	eat	in the morning?
（何）		（あなたは）	（食べる）	（朝）

（あなたは朝，何を食べますか。）

一般動詞のワードリスト

eat（食べる）　　　　play（する，遊ぶ）　　study（勉強する）
think（思う，考える）　cook（料理する）　　　have（持っている）
want（望む，ほしい）　practice（練習する）

Q1 次の日本語の文に合うように，（　　　）内から正しいほうを選び，〇でかこみましょう。

（10点×4＝40点）

❶ これは何ですか。　What (is this / this is)?

❷ あれは何ですか。　What (that is / is that)?

❸ あなたは放課後，何をしますか。
　 What (do you do / you do) after school?

❹ あなたはその授業で何を勉強しますか。
　 What (you study / do you study) in the class?

Q2 次の日本語の文に合うように，（　　　）内の語を並べかえ，＝＝＝ に書きましょう。ただし，文のはじめにくる語も小文字になっています。（10点×3＝30点）

① あなたはどう思いますか。
What (you / do / think)?

What _____ ?

② あなたは何を料理しますか。
What (do / cook / you)?

What _____ ?

③ あなたはバッグの中に何を持っていますか。
(what / have / do / you) in your bag?

_____ in your bag?

Q3 次の日本語の文を英語の文にかえ，＝＝＝ に書きましょう。（10点×3＝30点）

① あなたは何がほしいですか。

_____

_____

② あなたは放課後 (after school)，何を練習しますか。

_____

_____

③ あなたは手の中に (in your hand) 何を持っていますか。

_____

_____

> ▶ **ポイント** ▶ 曜日や日付をたずねる
>
> **What day is it today?**（今日は何曜日ですか。）　←曜日をたずねる
> **What is the date today?**（今日は何月何日ですか。）　←日付をたずねる

セクション

38 あなたは何時に起きますか。
What time do you get up?

／100点　答え ➡ 別冊 p.23

what timeで「何時」という意味を表し，時間をたずねる文で使います。時間をたずねる文では，what timeを文のはじめに置いて，後ろに続く文を疑問文の語順にします。

疑問詞		be動詞	主語	
What	time	is	it	now?
(何時)		(〜です)		(今)

(今，何時ですか。)

疑問詞			主語	動詞
What	time	do	you	get up?
(何時)			(あなたは)	(起きる)

(あなたは何時に起きますか。)

一般動詞のワードリスト

get up (起きる)　　go to bed (ねる)　　go to school (学校に行く)
go home (家に帰る)　　take a bath (おふろに入る)
watch (見る)　　study (勉強する)　　eat (食べる)

Q1 次の日本語の文に合うように，(　　　) 内から正しいほうを選び，〇でかこみましょう。

(10点×4＝40点)

❶ 今，何時ですか。 What time (it is / is it) now?

❷ 東京は何時ですか。 What time (is it / this is) in Tokyo?

❸ あなたは何時にねますか。
What time (do you go / you go) to bed?

❹ あなたは朝，何時に起きますか。
What time (you get up / do you get up) in the morning?

Q2 次の日本語の文に合うように，（　　）内の語を並べかえ， ＝＝＝ に書きましょう。ただし，文のはじめにくる語も小文字になっています。（10点×3＝30点）

❶ あなたは何時に学校に行きますか。

(do / what / time / you / go to school)?

＿＿＿＿＿＿＿＿＿＿＿＿＿＿＿＿＿＿＿＿＿＿＿＿＿＿＿
＿＿＿＿＿＿＿＿＿＿＿＿＿＿＿＿＿＿＿＿＿＿ **?**

❷ あなたは何時に家に帰りますか。 (time / do / go home / what / you)?

＿＿＿＿＿＿＿＿＿＿＿＿＿＿＿＿＿＿＿＿＿＿＿
＿＿＿＿＿＿＿＿＿＿＿＿＿＿＿＿＿＿＿ **?**

❸ あなたは毎日，何時におふろに入りますか。

(time / what / you / take a bath / do) every day?

＿＿＿＿＿＿＿＿＿＿＿＿＿＿＿＿＿＿＿＿＿
＿＿＿＿＿＿＿＿＿＿ **every day?**

Q3 次の日本語の文を英語の文にかえ， ＝＝＝ に書きましょう。（10点×3＝30点）

❶ あなたは何時にテレビ (TV) を見ますか。

＿＿＿＿＿＿＿＿＿＿＿＿＿＿＿＿＿＿＿＿＿＿＿＿＿＿＿
＿＿＿＿＿＿＿＿＿＿＿＿＿＿＿＿＿＿＿＿＿＿＿＿＿＿＿
＿＿＿＿＿＿＿＿＿＿＿＿＿＿＿＿＿＿＿＿＿＿＿＿＿＿＿

❷ あなたは何時に英語 (English) を勉強しますか。

＿＿＿＿＿＿＿＿＿＿＿＿＿＿＿＿＿＿＿＿＿＿＿＿＿＿＿
＿＿＿＿＿＿＿＿＿＿＿＿＿＿＿＿＿＿＿＿＿＿＿＿＿＿＿
＿＿＿＿＿＿＿＿＿＿＿＿＿＿＿＿＿＿＿＿＿＿＿＿＿＿＿

❸ あなたは毎日 (every day)，何時に夕食 (dinner) を食べますか。

＿＿＿＿＿＿＿＿＿＿＿＿＿＿＿＿＿＿＿＿＿＿＿＿＿＿＿
＿＿＿＿＿＿＿＿＿＿＿＿＿＿＿＿＿＿＿＿＿＿＿＿＿＿＿
＿＿＿＿＿＿＿＿＿＿＿＿＿＿＿＿＿＿＿＿＿＿＿＿＿＿＿

> **ポイント▶ 時間を表す文**
>
> What time is it (now)? 「(今) 何時ですか。」という質問には，「It is＋時刻 (＋now).」のように答えます。例えば5時であれば，It is five (now).と答えます。 7時20分であればIt is seven twenty (now).のように「時間・分」の順で答えます。

パート4 「どんな〜ですか。」などの文 (疑問詞の文)

91

39 あなたの誕生日はいつですか。
When is your birthday?

　　　　　　　　　　　　　　　　　／100点　答え ➡ 別冊 p.23

142

疑問詞にはwhatのほかに，when「いつ」やwhere「どこ」という単語があります。これらの単語も文のはじめに置いて，疑問文の語順を続けると「時」や「場所」をたずねる文を作ることができます。場所やイベントを表す単語の前にはtheやyour（あなたの）を置きます。

疑問詞	be動詞	主語	
When	is	your	birthday?
（いつ）	（〜です）	（あなたの）	（誕生日は）

（あなたの誕生日はいつですか。）

疑問詞		主語	動詞
Where	do	you	live?
（どこ）		（あなたは）	（住んでいる）

（あなたはどこに住んでいますか。）

一般動詞のワードリスト

live（住んでいる）　　study（勉強する）
come from 〜（〜から来る，〜の出身である）

場所やイベントのワードリスト

birthday（誕生日）　kindergarten（幼稚園）　field trip（遠足）
school festival（学園祭）　post office（郵便局）　concert（コンサート）
police station（警察署）　sports day（運動会）　New Year's Day（元日）
Christmas（クリスマス）

Q1 次の日本語の文に合うように，（　　　）内から正しいほうを選び，〇でかこみましょう。

（10点×4＝40点）

❶ 幼稚園はどこですか。（ Where / When ）is the kindergarten?

② 遠足はいつですか。（ When / Where ）is the field trip?

③ あなたはふつうどこで勉強しますか。
Where (do you usually study / you usually study)?

④ 学園祭はいつですか。
When (is the school festival / the school festival is)?

Q2 次の日本語の文に合うように，（　　　）内の語を並べかえ，＿＿＿ に書きましょう。ただし，文のはじめにくる語も小文字になっています。（10点×3＝30点）

① 郵便局はどこですか。（ where / the post office / is ）?

　　　　　　　　　　　　　　　　　　　　　　　　　　？

② コンサートはいつですか。（ is / when / the concert ）?

　　　　　　　　　　　　　　　　　　　　　　　　　　？

③ あなたはどこの出身ですか。（ do / where / come from / you ）?

　　　　　　　　　　　　　　　　　　　　　　　　　　？

Q3 次の日本語の文を英語の文にかえ，＿＿＿ に書きましょう。（10点×3＝30点）

① 警察署 (the police station) はどこですか。

② 運動会 (the sports day) はいつですか。

③ 彼らはどこに住んでいますか。

答え → 別冊 p.24

セクション

40 あなたの家族はお元気ですか。
How is your family?

143

疑問詞にはwhat「何」, when「いつ」, where「どこ」以外にも, how「どう, どのように」という語があります。howを使って「様子」,「方法」をたずねることができます。

疑問詞	be動詞	主語
How	is	your family?

（どう）（〜です）（あなたの家族は）
（あなたの家族はどう（お元気）ですか。）

疑問詞	主語	動詞	名詞
How	do	you	study	English?

（どのように）　　　　（あなたは）（勉強する）　（英語）
（あなたはどのように英語を勉強しますか。）

一般動詞のワードリスト

study（勉強する）　　go to 〜（〜に行く）　　make（作る）　　eat（食べる）

Q1 次の日本語の文に合うように,（　　　）内から正しいほうを選び, ○でかこみましょう。

（10点×4＝40点）

❶ あなたのお父さんはお元気ですか。

How (is your father / your father is)?

❷ 沖縄の天気はどうですか。

How (the weather is / is the weather) in Okinawa?

❸ あなたは駅までどのように行きますか。

How (you go / do you go) to the station?

❹ あなたはどのようにそのケーキを作りますか。

How (are you make / do you make) the cake?

Q2 次の日本語の文に合うように，（　　　）内の語を並べかえ，＝＝＝ に書きましょう。ただし，文のはじめにくる語も小文字になっています。（10点×3＝30点）

❶ ロンドンの天気はどうですか。（ is / how / the weather ）in London?

_____

_____ in London?

_____

❷ あなたはその卵をどのように食べますか。（ the egg / do / how / you / eat ）?

_____

_____ ?

❸ あなたはどのように数学を勉強しますか。（ how / you / math / do / study ）?

_____

_____ ?

Q3 次の日本語の文を英語の文にかえ，＝＝＝ に書きましょう。（10点×3＝30点）

❶ あなたのお母さん（your mother）はお元気ですか。

_____

_____

❷ あなたのお姉さん（sister）はお元気ですか。

_____

_____

❸ あなたはどのようにバス停（the bus stop）に行きますか。

_____

_____

> **ポイント▶ 天気を表す文**
>
> How is the weather?「天気はどうですか。」という疑問文に答えるときには，It is sunny.「晴れています。」のようにItを使って答えるのが一般的です。sunnyは「晴れた」という意味です。ほかに，cloudy「くもっている」，rainy「雨が降っている」，windy「風が強い」，stormy「嵐だ」なども使えます。

／100点 答え ➡ 別冊 p.24

セクション

41 あなたはどんなスポーツが好きですか。
What sports do you like?

144

What＋名詞＋疑問文？の語順で「どんな〜が…ですか」という意味の文を作ることができます。またWhat＋名詞の代わりに，What kind of＋名詞で「あなたはどんな種類の〜が…ですか」という表現もよく使われます。kindは「種類」という意味を表します。

疑問詞	名詞		主語	動詞
What	sports	do	you	like?
(どんな)	(スポーツ)		(あなたは)	(好き)

(あなたはどんなスポーツが好きですか。)

疑問詞	名詞		主語	動詞
What	kind of	sports	do	you	like?
(どんな種類の)		(スポーツ)		(あなたは)	(好き)

(あなたはどんな種類のスポーツが好きですか。)

一般動詞のワードリスト

like (好きだ)　　study (勉強する)　　eat (食べる)　　watch (見る)
play (〜 (スポーツ) をする)　　read (読む)

名詞のワードリスト

sport (スポーツ)　vegetable (野菜)　movie (映画)　flower (花)
fruit (果物)　　food (食べ物)　　color (色)　　book (本)

Q1 次の日本語の文に合うように，(　　　　) 内から正しいほうを選び，○でかこみましょう。

(10点×4＝40点)

➊ あなたはどんな動物が好きですか。

What animals (do you like / you like)?

➋ あなたはどんな教科を勉強しますか。

What subjects (are you study / do you study)?

③ あなたはどんな種類の野菜を食べますか。

What kind of vegetables (you eat / do you eat)?

④ あなたはどんな種類の映画を見ますか。

What kind of movies (are you watch / do you watch)?

Q2 次の日本語の文に合うように，（　　　）内の語を並べかえ， ===== に書きましょう。ただし，文のはじめにくる語も小文字になっています。（10点×3＝30点）

① あなたはどんな種類の花が好きですか。

(flowers / what / of / kind) do you like?

do you like?

② あなたはどんな果物を食べますか。 (you / do / what fruits / eat)?

?

③ あなたはどんな種類の食べ物が好きですか。

(like / foods / of / kind / you / do / what)?

?

Q3 次の日本語の文を英語の文にかえ， ===== に書きましょう。（10点×3＝30点）

① あなたはどんな色が好きですか。

② あなたはどんなスポーツをしますか。

③ あなたはどんな種類の本を読みますか。

セクション

42 あなたはだれですか。
Who are you?

_____／100点　答え ➡ 別冊 p.25

145

what「何」, when「いつ」, where「どこ」, how「どう, どのように」のほかに, whoという疑問詞があります。whoは「だれ」という意味を表します。whoの後ろには「疑問文の語順」が続きます。

疑問詞	be動詞	主語
Who	are	you?
（だれ）	（〜です）	（あなたは）

（あなたはだれですか。）

疑問詞		主語	動詞
Who	do	you	like?
（だれ）		（あなたは）	（好き）

（あなたはだれが好きですか。）

だれ？

一般動詞のワードリスト

like（好きだ）　respect（尊敬する）　believe（信じる）　love（愛する）

Q1 次の日本語の文に合うように, （　　　）内から正しいほうを選び, ○でかこみましょう。

（10点×4＝40点）

❶ 彼女はだれですか。

Who (is she / she is)?

❷ 彼はだれですか。

Who (he is / is he)?

❸ あなたたちはだれが好きですか。

Who (do you like / you like)?

❹ あなたはだれを尊敬していますか。

Who (you respect / do you respect)?

Q2 次の日本語の文に合うように，（　　　）内の語を並べかえ，＝＝＝ に書きましょう。ただし，文のはじめにくる語も小文字になっています。（10点×3＝30点）

❶ 写真の中の彼らはだれですか。（ are / who / they ）in the picture?

＿＿＿＿＿＿＿＿＿＿＿＿＿＿ in the picture?

❷ その男性はだれですか。（ the man / is / who ）?

＿＿＿＿＿＿＿＿＿＿＿＿＿＿ ?

❸ あなたはだれを信じますか。（ do / believe / you / who ）?

＿＿＿＿＿＿＿＿＿＿＿＿＿＿ ?

Q3 次の日本語の文を英語の文にかえ，＝＝＝ に書きましょう。（10点×3＝30点）

❶ その女性（the woman）はだれですか。

❷ 彼らはだれですか。

❸ あなたはだれを愛していますか。

ポイント▶ Who 〜？（だれ〜？）の文に対する答え方

Who is the woman?「その女性はだれですか。」という疑問文には，She is 〜.「彼女は〜です。」と答えます。the woman のかわりに the man「その男性」が使われている場合は He is 〜.「彼は〜です」と答えましょう。

Who is the woman?（その女性はだれですか。）
— She is my mother.（彼女は私のお母さんです。）

答え ➡ 別冊 p.25

セクション

43 あなたは何人の友達がいますか。
How many friends do you have?

146

how many 〜 は「いくつの〜」という意味で，「数」をたずねるときに使います。how manyに続く名詞には複数を表すsがつきます。またhow much 〜は「いくら」という意味で，「値段」をたずねるときに使います。このhow many, how muchを文のはじめに置いた疑問文を練習していきましょう。

名詞		主語	動詞
How many	friends	do	you	have?

（何人の）　　　（友達）　　　（あなたは）（持っている）
（あなたは何人の友達がいますか。）

be動詞　　主語
| How much | is | this? |

（いくら）　（〜です）　（これは）
（これはいくらですか。）

名詞のワードリスト

friend（友達）　　brother（兄弟）　sister（姉妹）　T-shirt（Tシャツ）
book（本）　　　　movie（映画）　flower（花）　pet（ペット）

Q1 次の日本語の文に合うように，（　　　）内から正しいほうを選び，〇でかこみましょう。

（10点×4＝40点）

① これはいくらですか。（ How much / How many ）is this?

② あなたには何人の兄弟がいますか。
（ How much brothers / How many brothers ）do you have?

③ あなたには何人の姉妹がいますか。
（ How many sisters / How much sisters ）do you have?

④ そのTシャツはいくらですか。
（ How much is / How much do ）the T-shirt?

Q2 次の日本語の文に合うように，（　　　）内の語を並べかえ，＝＝＝＝ に書きましょう。ただし，文のはじめにくる語も小文字になっています。（10点×3＝30点）

① あなたは1週間に何冊の本を読みますか。

(how many / do / books / you / read) in a week?

_____ in a week?

② あなたは1年間にいくつの映画を見ますか。

(watch / movies / how many / do / you) in a year?

_____ in a year?

③ あなたはポケットにいくら持っていますか。

(do / how much / have / you) in your pocket?

_____ in your pocket?

Q3 次の日本語の文を英語の文にかえ，＝＝＝＝ に書きましょう。（10点×3＝30点）

① その本はいくらですか。

_____

② あなたはいくつの花を知って（know）いますか。

_____

③ あなたは何びきのペットを飼って（have）いますか。

_____

> **ポイント▶ 大きな数字の表し方**
>
> 「100」はone hundredやa hundredといいます。「200」はtwo hundred，「300」はthree hundredのように表します。

答え ➡ 別冊 p.26

セクション

44

あなたはなぜおこっているのですか。
Why are you angry?

147

/100点

what「何」, when「いつ」, where「どこ」, how「どう, どのように」, who「だれ」のほかに, whyという疑問詞があります。whyは「なぜ」という意味で「理由」をたずねることができます。セクション37〜44で学習した疑問詞をしっかり覚えておきましょう。

疑問詞	be動詞	主語	形容詞
Why	are	you	angry?
（なぜ）	（〜です）	（あなたは）	（おこっている）

（あなたはなぜおこっているのですか。）

疑問詞	主語	動詞	名詞
Why	do	you	study	English?

（なぜ）　　　　　　（あなたは）　（勉強する）　　（英語）
（あなたはなぜ英語を勉強するのですか。）

一般動詞のワードリスト

study（勉強する）　　get up（起きる）　　practice（練習する）
go out（外出する）　　like（好きだ）　　go to bed（ねる）

Q1 次の日本語の文に合うように,（　　　）内から正しいほうを選び, ○でかこみましょう。

（10点×4＝40点）

❶ あなたはなぜいそがしいのですか。　Why (are you / you are) busy?

❷ あなたはなぜ朝早く起きるのですか。
Why (you get up / do you get up) early in the morning?

❸ 彼らはなぜ漢字を練習するのですか。
Why (do they practice / they do practice) *kanji*?

❹ あなたのお父さんはなぜおこっているのですか。
Why (is your father / do your father) angry?

Q2 次の日本語の文に合うように，（　　　）内の語を並べかえ， ══ に書きましょう。ただし，文のはじめにくる語も小文字になっています。（10点×3＝30点）

① 彼女はなぜ悲しんでいるのですか。 (is / why / sad / she)？

_____ **?**

② あなたはなぜ算数を勉強するのですか。 (do / why / you / math / study)？

_____ **?**

③ あなたはなぜ夜おそく外出するのですか。
(why / late / do / go out / you)？

_____ **?**

Q3 次の日本語の文を英語の文にかえ， ══ に書きましょう。（10点×3＝30点）

① あなたはなぜつかれている (tired) のですか。

_____

② あなたたちはなぜ料理 (cooking) が好きなのですか。

_____

③ 彼らはなぜ早く (early) ねるのですか。

_____

ポイント▶「なぜなら」を使った答え方

whyを使った疑問文には，Because＋主語＋動詞.「なぜなら〜だからです。」のように答えます。

Why is the teacher angry? （先生はなぜおこっているのですか。）

— Because you don't listen to her. （なぜならあなたが彼女の言うことを聞かないからです。）

確認テスト4

出題はんい セクション 37 〜 セクション 44　答え ➡ 別冊 p.26　／100点

148

Q1 次の日本語の文に合うように，（　　　）内から正しいほうを選び，〇でかこみましょう。　　　(3点×4＝12点)

(1) あなたの名前は何ですか。　　(What / How) is your name?

(2) これはいくらですか。　　(How many / How much) is this?

(3) あなたは何時に起きますか。　(What time / Where) do you get up?

(4) その男性はだれですか。　　(Where / Who) is the man?

Q2 次の（　　）内に入る語句を選び，記号で答えましょう。　　　(4点×5＝20点)

(1) あなたはどこで英語を勉強しますか。
　　（　　　）you study English?
　　ア　Where do　　イ　Where

(2) 今，何時ですか。
　　What time (　　　) now?
　　ア　it is　　イ　is it

(3) あなたは何人の兄弟がいますか。
　　How many brothers (　　　)?
　　ア　do you have　　イ　you have

(4) ごきげんいかがですか。
　　How (　　　)?
　　ア　you are　　イ　are you

(5) 運動会はいつですか。
　　（　　　）is the sports day?
　　ア　When　　イ　Who

Q3 次の日本語の文に合うように，（　　　　）内の語を並べかえ，＿＿＿ に書きましょう。ただし，文のはじめにくる語も小文字になっています。 (8点×3＝24点)

(1) あなたは何台のコンピューターを持っていますか。
(many / how / have / computers / you / do)?

_____

_____ ?

(2) あなたは毎日，何時にねますか。
(do / go / you / to bed / what time) every day?

_____

_____ every day?

(3) 彼はだれですか。
(he / is / who)?

_____

_____ ?

Q4 次の日本語の文を英語の文にかえ，＿＿＿ に書きましょう。 (11点×4＝44点)

(1) 東京の (in Tokyo) 天気 (the weather) はどうですか。

_____

_____

(2) 彼らはなぜいそがしい (busy) のですか。

_____

_____

(3) あなたの誕生日 (your birthday) はいつですか。

_____

_____

(4) その自転車 (the bike) はいくらですか。

_____

_____

セクション

45 私は上手にピアノを演奏することができます。
I can play the piano well.

/100点 答え ➡ 別冊 p.27

149

canは「~することができる」という意味の単語で動詞の前に置いて，can＋動詞のもとの形（原形）で使います。文のおわりにwell「上手に」やfast「速く」のような単語を置いて使うこともあります。

主語	動詞		名詞	
I	can	play	the piano	well.

(私は) (~することができる) (演奏する) (ピアノ) (上手に)
(私は上手にピアノを演奏することができます。)

一般動詞のワードリスト

play (~ (スポーツ) をする／~ (楽器) を演奏する)　　run (走る)

speak (話す)　　　sing (歌う)　　　swim (泳ぐ)

ride (乗る)　　　bake (焼く)　　　jump rope (縄とびをする)

cook (料理する)　　dance (おどる)

Q1 次の日本語の文に合うように，（　　　）内から正しいほうを選び，〇でかこみましょう。

(10点×4＝40点)

❶ 彼女は速く走ることができます。　She (run can / can run) fast.

❷ 彼は英語を話すことができます。
He (can speak / speak can) English.

❸ 私はソフトボールをすることができます。
I (can play / play can) softball.

❹ 私のお母さんは上手に泳ぐことができます。
My mother (can swim / is can swim) well.

Q2 次の日本語の文に合うように，（　　　）内の語を並べかえ，＝＝＝ に書きましょう。ただし，文のはじめにくる語も小文字になっています。（10点×3＝30点）

❶ 私は一輪車に乗ることができます。（ can / ride / a unicycle / I ）.

_____ •

❷ 私の姉 [妹] は縄とびをすることができます。（ jump rope / my sister / can ）.

_____ •

❸ あなたは上手にギターを演奏することができます。
（ the guitar / you / play / can ） well.

_____ well.

Q3 次の日本語の文を英語の文にかえ，＝＝＝ に書きましょう。（10点×3＝30点）

❶ 彼らは上手にサッカー（soccer）をすることができます。

_____

_____

❷ 彼は上手に魚（fish）を料理することができます。

_____

_____

❸ 彼女はスペイン語（Spanish）を話すことができます。

_____

┌─ ポイント▶ can beの文 ─
can 「〜できる」という表現はbe動詞と一緒に使うこともあります。その場合，主語＋can be〜で「〜になることができます」という意味になります。
You can be happy.（あなたは幸せになることができます。）

セクション

46

／100点　答え ➡ 別冊 p.27

彼らは日本語を話すことができません。
They can't speak Japanese.

150

canを使った文を「～することができません」という意味の否定文にするときには，can'tを使います。このcan'tはcannotと書くこともできますが，can notのようにcanとnotをはなして書かないように気をつけましょう。

主語	動詞	名詞
They	can	speak	Japanese.

（彼らは）　（～することができる）　（話す）　（日本語）
（彼らは日本語を話すことができます。）

主語	動詞	名詞
They	can't	speak	Japanese.

（彼らは）　（～することができない）　（話す）　（日本語）
（彼らは日本語を話すことができません。）

Hello.

食堂
いらっしゃいませ

一般動詞のワードリスト

speak（話す）　　eat（食べる）　　run（走る）
swim（泳ぐ）　　fly（飛ぶ）　　write（書く）
forget（忘れる）　believe（信じる）　remember（覚える）

Q1 次の日本語の文に合うように，（　　　　）内から正しいほうを選び，〇でかこみましょう。 （10点×3＝30点）

① 私は何も食べることができません。

I (can't eat / can eat) anything.

② その動物は速く走ることができません。

The animal (not can run / cannot run) fast.

③ 彼は上手に泳ぐことができません。

He (can't swim / not can swim) well.

Q2 次の日本語の文に合うように，（　　　　）内の語を並べかえ，＝＝＝に書きましょう。ただし，文のはじめにくる語も小文字になっています。（10点×3＝30点）

① その鳥は飛ぶことができません。
The bird (fly / cannot).

The bird _____.
_____

② その女の子は英語を話すことができません。
(English / the girl / can't / speak).

_____
_____ .
_____

③ 彼らは漢字を書くことができません。
(cannot / write / they) *kanji*.

_____
_____ *kanji.*
_____

Q3 次の日本語の文を英語の文にかえ，＝＝＝に書きましょう。（10点×4＝40点）

① 私たちは，あなたの家族 (your family) を忘れることができません。
_____
_____
_____

② 私はその話 (the story) を信じることができません。
_____
_____
_____

③ 私はその言葉 (the words) を覚えることができません。
_____
_____
_____

④ 彼らは上手に (well) 日本語 (Japanese) を話すことができません。
_____
_____
_____

セクション 47

あなたは速く泳ぐことができますか。
Can you swim fast?

151

／100点　答え ➡ 別冊 p.28

canを使った文を疑問文にするときには，Canを文のはじめに置き，文のおわりに？（クエスチョンマーク）をつけて表します。答えるときには，「はい」であればYes, 主語＋can.を使います。「いいえ」であればNo, 主語＋can't[cannot].を使います。

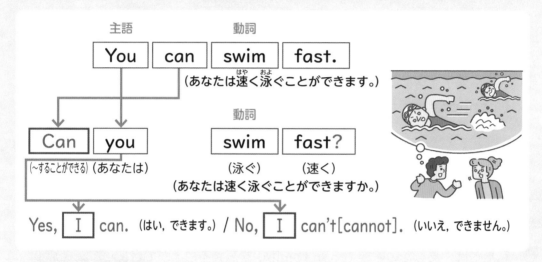

主語		動詞	
You	can	swim	fast.

（あなたは速く泳ぐことができます。）

		動詞	
Can	you	swim	fast?

（～することができる）（あなたは）（泳ぐ）（速く）
（あなたは速く泳ぐことができますか。）

Yes, I can. （はい, できます。）/ No, I can't[cannot]. （いいえ, できません。）

一般動詞のワードリスト

swim（泳ぐ）　　answer（答える）　　come（来る）　　wait（待つ）
ride（乗る）　　use（使う）　　eat（食べる）　　read（読む）
swim（泳ぐ）　　hear（聞く）

Q1 次の日本語の文に合うように，（　　　）内から正しいほうを選び，〇でかこみましょう。

（10点×4＝40点）

❶ 彼らはその質問に答えることができますか。

（ Can they answer / They can answer ） the question?

❷ あなたたちはここに来ることができますか。— いいえ, できません。

（ You can come / Can you come ） here? — No, (we can't / we are not).

❸ 彼女は待つことができますか。— はい, できます。

（ Is she can wait / Can she wait ）? — Yes, (I can / she can).

④ あなたは馬に乗ることができますか。— いいえ，できません。

(Can you ride / You ride can) a horse? — No, (I can't / you can't).

次の日本語の文に合うように，（　　　）内の語を並べかえ，＝＝＝ に書き
ましょう。ただし，文のはじめにくる語も小文字になっています。（10点×3＝30点）

❶ あなたのお父さんはコンピューターを上手に使うことができますか。

(a computer / your father / use / can) well?

_____

_____ well?

_____

❷ あなたたちは納豆を食べることができますか。

(eat / you / can / *natto*)?

_____

_____ ?

_____

❸ あなたはフランス語を読むことができますか。— いいえ，できません。

Can you read French? — (can't / , / I / no).

— _____

_____ .

_____

次の日本語の文を英語の文にかえ，＝＝＝ に書きましょう。（10点×3＝30点）

❶ あなたたちはピーマン (a green pepper) を食べることができますか。

_____

_____

_____

❷ 彼女は上手に (well) 泳ぐことができますか。

_____

_____

_____

❸ あなたは私の声 (my voice) を聞くことができますか。— はい，できます。

Can you hear my voice? — _____

_____

_____

48 私はお金持ちになりたいです。
I want to be rich.

152

＿＿＿＿／100点　答え ➡ 別冊 p.28

I want ～. 「私は～がほしいです」という文をセクション22で練習しました。「～」の部分にto＋動詞を置くと，「私は～したいです」という意味になります。動詞の部分にbe動詞を置く場合は，am / are / isではなく，I want to be ～.のようにbeを使います。この場合は「私は～になりたいです」という意味になります。これらの表現はin the future「将来は」のような語句といっしょに使われることが多いです。

主語		be動詞	形容詞
I	want to	be	rich.

（私は）　（～したい）　（～になる）（お金持ちの）
（私はお金持ちになりたいです。）

主語		動詞	
I	want to	go to	Okinawa.

（私は）　（～したい）　（～に行く）　　（沖縄）
（私は沖縄に行きたいです。）

動詞のワードリスト

be ～（～になる）　　go to ～（～に行く）　　drink（飲む）
eat（食べる）　　join（参加する）　　buy（買う）

Q1 次の日本語の文に合うように，（　　　　）内から正しいほうを選び，○でかこみましょう。
（10点×3＝30点）

❶ 私は幸せになりたいです。 I (want to be / want to) happy.

❷ 私は将来，医者になりたいです。
　 I (want to be / want to am) a doctor in the future.

❸ 私は何かを飲みたいです。 I (want drink / want to drink) something.

Q2 次の日本語の文に合うように，（　　　）内の語を並べかえ，＝＝＝ に書きましょう。 （10点×3＝30点）

❶ 私は将来，プログラマーになりたいです。
(want / to / be / I / a programmer) in the future.

_____ in the future.

❷ 私は何かを食べたいです。
(eat / to / I / want) something.

_____ something.

❸ 私はサッカーチームに参加したいです。
(to / join / I / want / the soccer team).

_____ .

Q3 次の日本語の文を英語の文にかえ，＝＝＝ に書きましょう。 （10点×4＝40点）

❶ 私は大きな家 (a large house) を買いたいです。

_____

❷ 私はイタリア (Italy) に行きたいです。

_____

❸ 私は客室乗務員 (a flight attendant) になりたいです。

_____

❹ 私は将来 (in the future)，エンジニア (an engineer) になりたいです。

_____

答え ➡ 別冊 p.29

セクション 49 私は日曜日に早く起きたくありません。
I don't want to get up early on Sundays.

／100点

153

I want to＋動詞．の文を「私は～をしたくありません」という意味の否定文にするときには，wantの前にdo notや短縮した形のdon'tを置いて表します。

主語		動詞	副詞	
I	don't want to	get up	early	on Sundays.

（私は）　（～したくない）　（起きる）　（早く）　（日曜日に）
（私は日曜日に早く起きたくありません。）

主語		be動詞	
I	don't want to	be	a doctor.

（私は）　（～したくない）　（～になる）　（医者）
（私は医者になりたくありません。）

動詞のワードリスト

get up（起きる）　　be（～になる）　　know（知る）
eat（食べる）　　　live（住む）　　　go to school（学校に行く）
cry（泣く）　　　　go to bed（ねる）

Q1 次の日本語の文に合うように，（　　　）内から正しいほうを選び，○でかこみましょう。

（10点×3＝30点）

❶ 私は医者になりたくありません。

I (do not want to be / do not want be) a doctor.

❷ 私はお笑い芸人になりたくありません。

I (don't want to / don't want to be) a comedian.

❸ 私は何も知りたくありません。

I (don't want to know / don't want know) anything.

Q2 次の日本語の文に合うように，（　　　）内の語を並べかえ， ══ に書きましょう。

（10点×3＝30点）

① 私は何も食べたくありません。

（ eat / don't / I / want / to ） anything.

＿＿＿＿＿＿＿＿＿＿＿＿＿＿＿＿ anything.

② 私は外国に住みたくありません。

（ to / I / don't / want / live ） in a foreign country.

＿＿＿＿＿＿＿＿＿＿＿＿＿ in a foreign country.

③ 私は，今日は学校に行きたくありません。

（ do / I / want / go to school / to / not ） today.

＿＿＿＿＿＿＿＿＿＿＿＿＿＿＿ today.

Q3 次の日本語の文を英語の文にかえ， ══ に書きましょう。 （10点×4＝40点）

① 私は俳優 (an actor) になりたくありません。

＿＿＿＿＿＿＿＿＿＿＿＿＿＿＿＿＿＿＿＿＿

② 私は泣きたくありません。

＿＿＿＿＿＿＿＿＿＿＿＿＿＿＿＿＿＿＿＿＿

③ 私はねたくありません。

＿＿＿＿＿＿＿＿＿＿＿＿＿＿＿＿＿＿＿＿＿

④ 私は早く (early) 起きたくありません。

＿＿＿＿＿＿＿＿＿＿＿＿＿＿＿＿＿＿＿＿＿

セクション

50　あなたたちはブラスバンド部に参加したいですか。
Do you want to join the brass band?

／100点　答え ➡ 別冊 p.29

154

want to＋動詞の文を「〜をしたいですか」という意味の疑問文にするときには，文のはじめにDoを置き，文のおわりに？（クエスチョンマーク）を置きます。答えるときには「はい」であればYes, 主語＋do.を使います。「いいえ」であればNo, 主語＋do not[don't].を使います。

主語　　　動詞　　　be

| Do | you | want to | be | a comedian？ |

（あなたは）　（〜したい）　（〜になる）　（お笑い芸人）
（あなたはお笑い芸人になりたいですか。）

Yes, I do. （はい, なりたいです。）/ No, I do not [don't]. （いいえ, なりたくありません。）

主語　　　動詞

| Do | you | want to | join | the brass band？ |

（あなたたちは）（〜したい）　（参加する）　　（ブラスバンド部）
（あなたたちはブラスバンド部に参加したいですか。）

Yes, we do. （はい, したいです。）/ No, we do not [don't]. （いいえ, したくありません。）

動詞のワードリスト

be（〜になる）　　　join（参加する）　　　eat（食べる）
drink（飲む）　　　talk with 〜（〜と話す）　study（勉強する）

Q1　次の日本語の文に合うように，（　　　）内から正しいほうを選び，〇でかこみましょう。
（10点×4＝40点）

❶ あなたは有名になりたいですか。

（ Do you want to be / You want to be ） famous?

❷ あなたはお金持ちになりたいですか。

（ You want to do / Do you want to be ） rich?

116

③ あなたはサンドウィッチを食べたいですか。

(You want to eat / Do you want to eat) a sandwich?

④ あなたたちはコーヒーを飲みたいですか。— いいえ，飲みたくありません。

Do you want to drink coffee? — No, (you don't / we don't).

Q2 次の日本語の文に合うように，（　　）内の語を並べかえ，＿＿＿ に書きましょう。ただし，文のはじめにくる語も小文字になっています。（10点×3＝30点）

① あなたはハンバーガーを食べたいですか。— いいえ，食べたくありません。

Do you want to eat a hamburger? — (no / , / don't / I).

— ＿＿＿＿＿＿＿＿＿＿＿＿＿＿＿＿＿＿ .

② あなたはユーチューバーになりたいですか。

(to / you / do / want / be) a YouTuber?

＿＿＿＿＿＿＿＿＿＿＿＿＿＿ **a YouTuber?**

③ あなたたちはその女性と話したいですか。

(you / want / to / talk / do) with the woman?

＿＿＿＿＿＿＿＿＿＿＿ **with the woman?**

Q3 次の日本語の文を英語の文にかえ，＿＿＿ に書きましょう。（10点×3＝30点）

① あなたたちはコーヒーを飲みたいですか。

＿＿＿＿＿＿＿＿＿＿＿＿＿＿＿＿＿＿＿＿

② あなたは算数を勉強したいですか。— いいえ，勉強したくありません。

Do you want to study math? — ＿＿＿＿＿＿＿＿＿

③ あなたは宇宙飛行士 (an astronaut) になりたいですか。

＿＿＿＿＿＿＿＿＿＿＿＿＿＿＿＿＿＿＿＿

確認テスト5

出題はんい　セクション 45 〜 セクション 50

答え ➡ 別冊 p.30

／100点

155

Q1 次の日本語の文に合うように，（　　）内から正しいほうを選び，〇でかこみましょう。　　　　　（4点×5＝20点）

(1) 私は上手にテニスをすることができません。

I (can play / can't play) tennis well.

(2) 私たちは買い物に行きたいです。　We (want go / want to go) shopping.

(3) 私は医者になりたいです。　　　　I (want to be / want be) a doctor.

(4) 彼はギターを演奏することができません。

He (can play / can't play) the guitar.

(5) 私たちは何かを食べたいです。

We (want to eat / want eat) something.

Q2 次の日本語の文に合うように，＿＿＿ に適する語を書きましょう。　　　　　（5点×3＝15点）

(1) マイクは上手に日本語を話すことができます。

Mike ＿＿＿＿ speak Japanese well.

(2) 彼らは幸せになりたいです。

They ＿＿＿＿ to be happy.

(3) その少女は一輪車に乗ることができますか。

＿＿＿＿ the girl ride a unicycle?

Q3 次の日本語の文に合うように，（　　　）内の語を並べかえ，＝＝＝＝ に書きましょう。ただし，文のはじめにくる語も小文字になっています。（7点×3＝21点）

(1) あなたは上手にバスケットボールをすることができますか。

(you / can / play / basketball) well?

_____ well?

(2) ミキは将来，オーストラリアに行きたいです。

(Miki / wants / to Australia / to go) in the future.

_____ in the future.

(3) その女性は上手におどることができます。

(the / can / woman / dance) well.

_____ well.

Q4 次の日本語の文を英語の文にかえ，＝＝＝＝ に書きましょう。（11点×4＝44点）

(1) 私は将来 (in the future)，先生 (a teacher) になりたいです。

_____

_____

(2) 私は上手に (well) 英語 (English) を話すことができません。

_____

_____

(3) 私のお父さん (my father) は速く (fast) 走ることができます。

_____

_____

(4) 彼はピアノ (the piano) を演奏することができません。

_____

_____

③

著者紹介

東進ハイスクール・東進衛星予備校　講師
メガスタディ(メガスタ)オンライン　講師

杉山 一志 (すぎやま かずし)

　1977年生まれ，大阪府出身。同志社大学文学部卒業。
(一財)実用英語推進機構理事。

　大学在学時，1年間休学し，ワーキングホリデービザを取
得して，ニュージーランドへ渡航。帰国後実用英語の必要性
を感じ，独学で英語学習に没頭し，実用英語技能検定1級を
取得する。TOEICテストでもリスニング・ライティングテ
ストで満点を取得。

　現在は主に大学受験指導を担当しており，東大・京大・難
関国立大，難関私大を目標にした受験生を幅広く指導するほ
か，予備校の模試の制作や監修も行っている。

　代表的な著作物として「英文法パターンドリルシリーズ」
(文英堂)「究極の音読プログラムシリーズ」(IBCパブリッ
シング)「短期で攻める長文読解シリーズ[共著]」(桐原書
店) など50冊を超える。

 「英語講師　杉山一志の音読魂」
https://plaza.rakuten.co.jp/kazushi19770825/diary/

□ 編集協力　(株)カルチャー・プロ　内田眞理　金子紗織　河島奈緒美　木村由香　小林眞理　渡邉聖子
□ 英文校閲　Bernard Susser
□ 本文デザイン　CONNECT
□ 本文イラスト　まつむらあきひろ
□ 音声収録　(株)メディアスタイリスト

シグマベスト
小学英文法パターンドリル①
be動詞・一般動詞・疑問詞・canの文

著　者　杉山一志
発行者　益井英郎
印刷所　株式会社加藤文明社
発行所　株式会社文英堂

〒601-8121　京都市南区上鳥羽大物町28
〒162-0832　東京都新宿区岩戸町17
(代表)03-3269-4231

© 杉山一志　2023　　　　Printed in Japan　　　●落丁・乱丁はおとりかえします。

小学

英文法 パターン ドリル ①

― 答え ―

※答えはとりはずして使うことができます。
※I am[I'm] David.の表記は，「下線部のI amは[ ]内
のI'mでも正解」という意味です。

1 アルファベット 大文字

/100点　答え ➡ 別冊 p.3

アルファベットはAからZまで26文字あります。それぞれに対し，大文字と小文字があります。ここでは大文字を学習します。大文字は1番上の線と赤い線の間に書きます。

```
A B C D E F G H I
J K L M N O P Q R
S T U V W X Y Z
```

Q1 正しいアルファベットの順番になるように，＿＿＿に大文字を書きましょう。
(5点×8＝40点)

❶ C D E　❷ F G H
❸ I J K　❹ L M N
❺ O P Q　❻ R S T
❼ U V W　❽ X Y Z

Q2 アルファベットが正しい順番になるように，（　　　）内の大文字を並べかえ，＿＿＿に書きましょう。
(8点×5＝40点)

❶ (E / B / D / C / F)　B C D E F
❷ (I / H / K / J / G)　G H I J K
❸ (M / P / N / O / L)　L M N O P
❹ (S / R / U / Q / T)　Q R S T U
❺ (Y / Z / W / V / X)　V W X Y Z

Q3 AからZまで順番にアルファベットの大文字を＿＿＿に正しく書きましょう。
(20点)

```
A B C D E F G H I
J K L M N O P Q R
S T U V W X Y Z
```

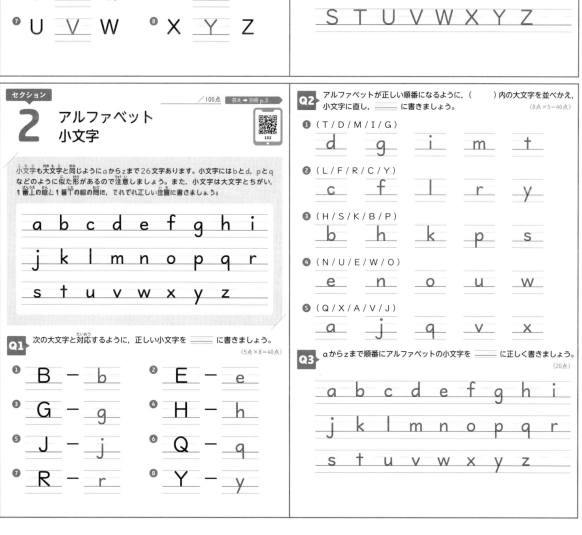

2 アルファベット 小文字

/100点　答え ➡ 別冊 p.3

小文字も大文字と同じようにaからzまで26文字あります。小文字にはbとd，pとqなどのように似た形があるので注意しましょう。また，小文字は大文字とちがい，1番上の線と1番下の線の間に，それぞれ正しい位置に書きましょう。

```
a b c d e f g h i
j k l m n o p q r
s t u v w x y z
```

Q1 次の大文字と対応するように，正しい小文字を＿＿＿に書きましょう。
(5点×8＝40点)

❶ B － b　❷ E － e
❸ G － g　❹ H － h
❺ J － j　❻ Q － q
❼ R － r　❽ Y － y

Q2 アルファベットが正しい順番になるように，（　　　）内の大文字を並べかえ，小文字に直し，＿＿＿に書きましょう。
(8点×5＝40点)

❶ (T / D / M / I / G)　d g i m t
❷ (L / F / R / C / Y)　c f l r y
❸ (H / S / K / B / P)　b h k p s
❹ (N / U / E / W / O)　e n o u w
❺ (Q / X / A / V / J)　a j q v x

Q3 aからzまで順番にアルファベットの小文字を＿＿＿に正しく書きましょう。
(20点)

```
a b c d e f g h i
j k l m n o p q r
s t u v w x y z
```

3 ローマ字（ヘボン式）

/100点　答え → 別冊 p.4

日本人の名前や日本の地名などはローマ字であらわします。

	a アイウエオ	i	u	e	o			
k	ka カ	ki キ	ku ク	ke ケ	ko コ	kya キャ	kyu キュ	kyo キョ
s	sa サ	shi シ	su ス	se セ	so ソ	sha シャ	shu シュ	sho ショ
t	ta タ	chi チ	tsu ツ	te テ	to ト	cha チャ	chu チュ	cho チョ
n	na ナ	ni ニ	nu ヌ	ne ネ	no ノ	nya ニャ	nyu ニュ	nyo ニョ
h	ha ハ	hi ヒ	fu フ	he ヘ	ho ホ	hya ヒャ	hyu ヒュ	hyo ヒョ
m	ma マ	mi ミ	mu ム	me メ	mo モ	mya ミャ	myu ミュ	myo ミョ
y	ya ヤ	-	yu ユ	-	yo ヨ			
r	ra ラ	ri リ	ru ル	re レ	ro ロ	rya リャ	ryu リュ	ryo リョ
w	wa ワ	-	-	-	wo ヲ			
n	n ン							

	a	i	u	e	o			
g	ga ガ	gi ギ	gu グ	ge ゲ	go ゴ	gya ギャ	gyu ギュ	gyo ギョ
z	za ザ	ji ジ	zu ズ	ze ゼ	zo ゾ	ja ジャ	ju ジュ	jo ジョ
d	da ダ	ji ヂ	zu ヅ	de デ	do ド			
b	ba バ	bi ビ	bu ブ	be ベ	bo ボ	bya ビャ	byu ビュ	byo ビョ
p	pa パ	pi ピ	pu プ	pe ペ	po ポ	pya ピャ	pyu ピュ	pyo ピョ

Q1 ローマ字の表記として正しいほうを（　　）内から選び，○でかこみましょう。 (10点×4＝40点)

❶ 京都 　（ Kyoto /（Kyoto）)

❷ すし 　（ shushi /（sushi）)

❸ うどん （（udon）/ ubon)

❹ 静岡 　（（Shizuoka）/ Shiduoka)

Q2 次の日本語をローマ字にかえ ＿＿ に正しく書きましょう。(10点×3＝30点)

❶ きもの 　 kimono

❷ 九州 　 Kyushu

❸ お好み焼き 　 okonomiyaki

Q3 例にならって，次の人の名前をローマ字で ＿＿ に正しく書きましょう。 (10点×3＝30点)

例 川島春花 　 Kawashima Haruka

❶ 西谷健 　 Nishitani Ken

❷ 田中由里奈 　 Tanaka Yurina

❸ 北野元太 　 Kitano Genta

---

4 私はユカです。 I am Yuka.

/100点　答え → 別冊 p.4

104

「私は〜です」と言いたいときには I am 〜. と表現します。I は「私は」am は「〜です」という意味の単語です。I「私は」は主語，am「〜です」は be動詞といいます。「〜」の部分には「人の名前」や「状態や様子を表す言葉（形容詞）」などを置きます。また I am 〜. は，I'm 〜. のように短縮して書くこともできます。

主語　be動詞　人の名前
  （私はユカです。）
（私は）　（〜です）　（ユカ）

主語＋be動詞の短縮形　形容詞
I'm　happy.（私は幸せです。）
（私は〜です）　（幸せ）

状態や様子を表すワードリスト
happy（幸せな）　　busy（いそがしい）　　sad（悲しい）
hungry（おなかがすいた）　thirsty（のどがかわいた）　tired（つかれた）

Q1 次の日本語の文に合うように，（　　）内から正しいほうを選び，○でかこみましょう。 (10点×3＝30点)

❶ 私はサクラです。
（（I am）/ I Am) Sakura.

❷ 私はテッドです。
(Am I /（I am）) Ted.

❸ 私はいそがしいです。
（（I am）/ I) busy.

Q2 次の日本語の文に合うように，（　　）内の語を並べかえ，＿＿ に書きましょう。(10点×3＝30点)

❶ 私はアンナです。
(am / Anna / I).
I am Anna .

❷ 私はトムです。
(Tom / I'm).
I'm Tom .

❸ 私は悲しいです。
(I / sad / am).
I am sad .

Q3 次の日本語の文を英語の文にかえ，＿＿ に書きましょう。(10点×4＝40点)

❶ 私はデイビッド（David）です。
I am[I'm] David.

❷ 私はおなかがすいています。
I am[I'm] hungry.

❸ 私はのどがかわいています。
I am[I'm] thirsty.

❹ 私はつかれています。
I am[I'm] tired.

答え ➡ 別冊 p.5

セクション 5

私はねむくありません。
I am not sleepy.

/100点

I am ～.の文を「私は～ではありません」のように打ち消しの文にするときには，I am の後ろに not を置いて表します。「～ではありません」のような「打ち消しの文」を「否定文」と呼びます。「～」の部分には「人の名前」や「形容詞」のほかに，teacher「先生」のような「職業を表す名詞」が置かれることもあります。名詞の前には「1人（1つ）の」を表す a を置いて a teacher のように表します。

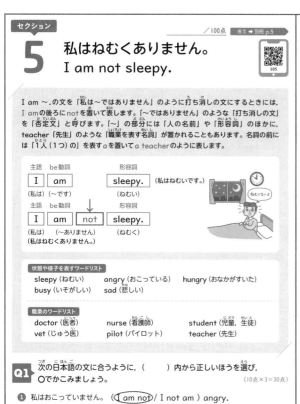

状態や様子を表すワードリスト

sleepy（ねむい）	angry（おこっている）	hungry（おなかがすいた）
busy（いそがしい）	sad（悲しい）	

職業のワードリスト

doctor（医者）	nurse（看護師）	student（児童，生徒）
vet（じゅう医）	pilot（パイロット）	teacher（先生）

Q1 次の日本語の文に合うように，（　）内から正しいほうを選び，〇でかこみましょう。 （10点×3＝30点）

❶ 私はおこっていません。（ I am not / I not am ）angry.

❷ 私は医者ではありません。（ I am not / I not am ）a doctor.

❸ 私はおなかがすいていません。（ I not am / I'm not ）hungry.

Q2 次の日本語の文に合うように，（　）内の語を並べかえ，＿＿ に書きましょう。 （10点×3＝30点）

❶ 私は看護師ではありません。
（ I / not / am ）a nurse.
I am not a nurse.

❷ 私は児童ではありません。
（ not / I'm ）a student.
I'm not a student.

❸ 私はショウタではありません。
（ Shota / I'm / not ）.
I'm not Shota.

Q3 次の日本語の文を英語の文にかえ，＿＿ に書きましょう。 （10点×4＝40点）

❶ 私はユイ（Yui）ではありません。
I am[I'm] not Yui.

❷ 私はいそがしくありません。
I am[I'm] not busy.

❸ 私はパイロットではありません。
I am[I'm] not a pilot.

❹ 私は先生ではありません。
I am[I'm] not a teacher.

セクション 6

あなたは活動的です。
You are active.

/100点

「あなたは～です」という意味の文は You are ～.で表します。You は主語で，are は be動詞です。「～」の部分には「人の名前」や「状態や様子を表す形容詞」や「職業などを表す名詞」を置くことができます。職業を表す語のときには a teacher「（1人の）先生」のように，語の前に a を置くことを忘れないようにしましょう。また You're ～.のように短縮した形もあります。

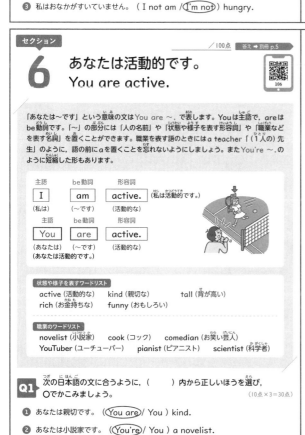

状態や様子を表すワードリスト

active（活動的な）	kind（親切な）	tall（背が高い）
rich（お金持ちな）	funny（おもしろい）	

職業のワードリスト

novelist（小説家）	cook（コック）	comedian（お笑い芸人）
YouTuber（ユーチューバー）	pianist（ピアニスト）	scientist（科学者）

Q1 次の日本語の文に合うように，（　）内から正しいほうを選び，〇でかこみましょう。 （10点×3＝30点）

❶ あなたは親切です。（ You are / You ）kind.

❷ あなたは小説家です。（ You're / You ）a novelist.

❸ あなたはコックです。（ Are you / You are ）a cook.

Q2 次の日本語の文に合うように，（　）内の語を並べかえ，＿＿ に書きましょう。ただし，文のはじめにくる語も小文字になっています。 （10点×3＝30点）

❶ あなたはお笑い芸人です。
（ you / a comedian / are ）.
You are a comedian.

❷ あなたは背が高いです。
（ tall / you're ）.
You're tall.

❸ あなたはユーチューバーです。
（ a YouTuber / you're ）.
You're a YouTuber.

Q3 次の日本語の文を英語の文にかえ，＿＿ に書きましょう。 （10点×4＝40点）

❶ あなたはお金持ちです。
You are[You're] rich.

❷ あなたはピアニストです。
You are[You're] a pianist.

❸ あなたは科学者です。
You are[You're] a scientist.

❹ あなたはおもしろいです。
You are[You're] funny.

セクション 7

あなたはいそがしくありません。
You are not busy.

/100点　答え → 別冊 p.6

107

「あなたは〜ではありません」という意味の文は，You are not 〜. のようにareの後ろにnotを置いて作ります。You aren't 〜. のように，短縮した形が使われることもあります。また，「〜」の部分にはJapanese（日本人）やChinese（中国人）のように，「国籍を表す語」が置かれることもあります。国籍を表す語の最初はいつも大文字にしましょう。

主語	be動詞		形容詞
You	are		busy.

（あなたは）（〜です）（いそがしい）
（あなたはいそがしいです。）

主語	be動詞		形容詞
You	are	not	busy.

（あなたは）（〜ありません）（いそがしく）
（あなたはいそがしくありません。）

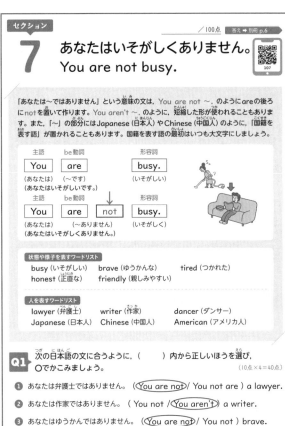

状態や様子を表すワードリスト
busy（いそがしい）　brave（ゆうかんな）　tired（つかれた）
honest（正直な）　friendly（親しみやすい）

人を表すワードリスト
lawyer（弁護士）　writer（作家）　dancer（ダンサー）
Japanese（日本人）　Chinese（中国人）　American（アメリカ人）

Q1 次の日本語の文に合うように，（　）内から正しいほうを選び，○でかこみましょう。 （10点×4＝40点）

① あなたは弁護士ではありません。（ You are not / You not are ）a lawyer.

② あなたは作家ではありません。（ You not / You aren't ）a writer.

③ あなたはゆうかんではありません。（ You are not / You not ）brave.

④ あなたはつかれていません。（ You not are / You aren't ）tired.

Q2 次の日本語の文に合うように，（　）内の語を並べかえ，＿＿＿に書きましょう。ただし，文のはじめにくる語も小文字になっています。 （10点×3＝30点）

① あなたは正直ではありません。
(you / not / are) honest.
<u>You are not</u> honest.

② あなたは日本人ではありません。
(aren't / you / Japanese).
<u>You aren't Japanese</u>.

③ あなたは親しみやすくありません。
(not / you / friendly / are).
<u>You are not friendly</u>.

Q3 次の日本語の文を英語の文にかえ，＿＿＿に書きましょう。 （10点×3＝30点）

① あなたはダンサーではありません。
<u>You are not[aren't] a dancer.</u>

② あなたは中国人ではありません。
<u>You are not[aren't] Chinese.</u>

③ あなたはいそがしくありません。
<u>You are not[aren't] busy.</u>

ポイント▶ You are notの短縮形
You are notはYou're notとも短縮できます。

セクション 8

あなたは歯医者さんですか。
Are you a dentist?

/100点　答え → 別冊 p.6

108

相手に何かをたずねる「あなたは〜ですか」という意味の文を作るには，You are 〜. の文のYouとareの順番を入れ変えて，Are you 〜? と表現します。文のおわりには？（クエスチョンマーク）を置きましょう。相手に何かをたずねる文を「疑問文」と呼びます。

主語	be動詞		名詞
You	are	a	dentist.

（あなたは歯医者さんです。）

be動詞	主語		名詞
Are	you	a	dentist?

（〜ですか）（あなたは）（歯医者）
（あなたは歯医者さんですか。）

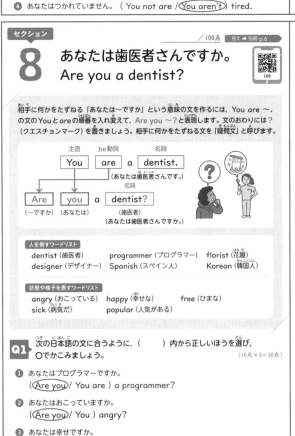

人を表すワードリスト
dentist（歯医者）　programmer（プログラマー）　florist（花屋）
designer（デザイナー）　Spanish（スペイン人）　Korean（韓国人）

状態や様子を表すワードリスト
angry（おこっている）　happy（幸せな）　free（ひまな）
sick（病気だ）　popular（人気がある）

Q1 次の日本語の文に合うように，（　）内から正しいほうを選び，○でかこみましょう。 （10点×3＝30点）

① あなたはプログラマーですか。
(Are you / You are) a programmer?

② あなたはおこっていますか。
(Are you / You) angry?

③ あなたは幸せですか。
(You are / Are you) happy?

Q2 次の日本語の文に合うように，（　）内の語を並べかえ，＿＿＿に書きましょう。ただし，文のはじめにくる語も小文字になっています。 （10点×3＝30点）

① あなたは花屋ですか。
(are / a florist / you)?
<u>Are you a florist</u> ?

② あなたはスペイン人ですか。
(you / are / Spanish)?
<u>Are you Spanish</u> ?

③ あなたはひまですか。
(you / are / free)?
<u>Are you free</u> ?

Q3 次の日本語の文を英語の文にかえ，＿＿＿に書きましょう。 （10点×4＝40点）

① あなたは韓国人ですか。
<u>Are you Korean?</u>

② あなたは病気ですか。
<u>Are you sick?</u>

③ あなたは人気がありますか。
<u>Are you popular?</u>

④ あなたはデザイナーですか。
<u>Are you a designer?</u>

9 「あなたは〜ですか」に対する答え方
Yes, I am. / No, I am not.

/100点　答え → 別冊 p.7

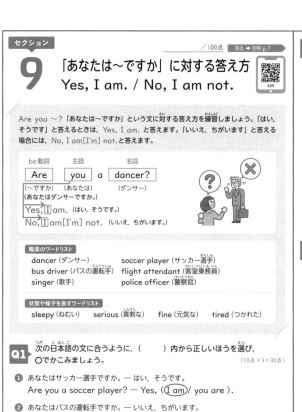

Are you 〜? 「あなたは〜ですか」という文に対する答え方を練習しましょう。「はい、そうです」と答えるときは、Yes, I am. と答えます。「いいえ、ちがいます」と答える場合には、No, I am[I'm] not. と答えます。

be動詞	主語		名詞
Are	you	a	dancer?
(〜ですか)	(あなたは)		(ダンサー)

(あなたはダンサーですか。)
Yes, I am.（はい、そうです。）
No, I am[I'm] not.（いいえ、ちがいます。）

職業のワードリスト
dancer (ダンサー)　　　　soccer player (サッカー選手)
bus driver (バスの運転手)　flight attendant (客室乗務員)
singer (歌手)　　　　　　police officer (警察官)

状態や様子を表すワードリスト
sleepy (ねむい)　serious (真剣な)　fine (元気な)　tired (つかれた)

Q1 次の日本語の文に合うように、（　）内から正しいほうを選び、〇でかこみましょう。 (10点×3＝30点)

❶ あなたはサッカー選手ですか。— はい、そうです。
Are you a soccer player? — Yes, ((I am) / you are).

❷ あなたはバスの運転手ですか。— いいえ、ちがいます。
Are you a bus driver? — No, ((I am not) / you are not).

❸ あなたはねむいですか。— いいえ、ねむくありません。
Are you sleepy? — No, ((I'm not) / you're not).

Q2 次の日本語の文に合うように、（　）内の語や符号を並べかえ、＿＿ に書きましょう。ただし、文のはじめにくる語も小文字になっています。(10点×3＝30点)

❶ あなたは10才ですか。— いいえ、ちがいます。
Are you 10 years old? — (I'm / no / , / not).
— No, I'm not .

❷ あなたは客室乗務員ですか。— いいえ、ちがいます。
Are you a flight attendant? — (no / , / I / not / am).
— No, I am not .

❸ あなたは真剣ですか。— はい、真剣です。
Are you serious? — (, / yes / am / I).
— Yes, I am .

Q3 次の日本語の文を英語の文にかえ、＿＿ に書きましょう。 (10点×4＝40点)

❶ あなたは歌手ですか。— はい、そうです。
Are you a singer? — Yes, I am.

❷ あなたは警察官ですか。— いいえ、ちがいます。
Are you a police officer? — No, I am[I'm] not.

❸ あなたは元気ですか。— はい、元気です。
Are you fine? — Yes, I am.

❹ あなたはつかれていますか。— いいえ、つかれていません。
Are you tired? — No, I am[I'm] not.

---

10 私たちは友達です。
We are friends.

/100点　答え → 別冊 p.7

「私たちは〜です」と言いたいときには、We are 〜. を使います。また「彼ら（彼女ら）は〜です」と言いたいときには、They are 〜. を使います。「〜」の部分が名詞のときは a teacher ではなく、teachers のように名詞の後ろに s をつけます。この s は「複数形の s」と呼ばれ、「2人（2つ）以上」であることを表します。また、We're 〜. や They're 〜. のように短縮した形を使うこともできます。

主語	be動詞	名詞
We	are	friends.
(私たちは)	(〜です)	(友達)

（私たちは友達です。）

主語	be動詞	形容詞
They	are	busy.
(彼ら（彼女ら）は)	(〜です)	(いそがしい)

（彼ら（彼女ら）はいそがしいです。）

人を表すワードリスト
friend (友達)　　classmate (クラスメート)　nurse (看護師)
pilot (パイロット)　musician (ミュージシャン)　pianist (ピアニスト)

状態や様子を表すワードリスト
busy (いそがしい)　sleepy (ねむい)　hungry (おなかがすいた)
tired (つかれた)　angry (おこっている)

Q1 次の日本語の文に合うように、（　）内から正しいほうを選び、〇でかこみましょう。 (10点×4＝40点)

❶ 私たちはクラスメートです。 ((We are) / They are) classmates.

❷ 私たちはねむいです。 (We / (We're)) sleepy.

❸ 彼らは友達です。 (We're / (They're)) friends.

❹ 彼らはピアニストです。 ((They are) / We are) pianists.

Q2 次の日本語の文に合うように、（　）内の語を並べかえ、＿＿ に書きましょう。ただし、文のはじめにくる語も小文字になっています。(10点×3＝30点)

❶ 彼らは看護師です。 (are / nurses / they).
They are nurses .

❷ 私たちはおなかがすいています。 (are / hungry / we).
We are hungry .

❸ 私たちはつかれています。 (we / tired / are).
We are tired .

Q3 次の日本語の文を英語の文にかえ、＿＿ に書きましょう。 (10点×3＝30点)

❶ 彼らはパイロットです。
They are[They're] pilots.

❷ 私たちはミュージシャンです。
We are[We're] musicians.

❸ 彼らはおこっています。
They are[They're] angry.

ポイント▶ 形容詞に — s はつかない
今回、「複数形の s」について学習しましたが、s がつくのは「名詞」だけであることに注意しましょう。happy「幸せな」のような「形容詞」には s をつけません。
〇 apples　✕ happys

11 私たちは先生ではありません。
We are not teachers.

/100点　答え ➡ 別冊 p.8

111

「私たちは〜ではありません」や「彼ら（彼女ら）は〜ではありません」という意味の否定文を作りたい場合は，We are not 〜. や They are not 〜. のようにareの後ろにnotを置きます。We're not 〜. / We aren't 〜. やThey're not 〜. / They aren't 〜. のように短縮した形を使うこともできます。

主語	be動詞		名詞
We	are		teachers.

（私たちは）（〜です）　　（先生）
（私たちは先生です。）

主語	be動詞		名詞
We	are	not	teachers.

（私たちは）（〜ではありません）（先生）
（私たちは先生ではありません。）

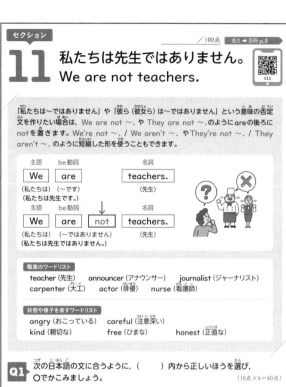

職業のワードリスト
teacher（先生）　announcer（アナウンサー）　journalist（ジャーナリスト）
carpenter（大工）　actor（俳優）　nurse（看護師）

状態や様子を表すワードリスト
angry（おこっている）　careful（注意深い）
kind（親切な）　free（ひまな）　honest（正直な）

Q1 次の日本語の文に合うように，（　）内から正しいほうを選び，○でかこみましょう。 (10点×4＝40点)

❶ 私たちはアナウンサーではありません。（ They are not /～We are not～）announcers.

❷ 彼らはジャーナリストではありません。（～They are not～/ They not ）journalists.

❸ 私たちはおこっていません。（～We're not～/ We not are ）angry.

❹ 彼らは注意深くありません。（ They not /～They aren't～）careful.

Q2 次の日本語の文に合うように，（　）内の語を並べかえ，＝＝に書きましょう。ただし，文のはじめにくる語も小文字になっています。 (10点×3＝30点)

❶ 私たちは大工ではありません。（ aren't / carpenters / we ）.

We aren't carpenters .

❷ 彼らは俳優ではありません。（ actors / they're / not ）.

They're not actors .

❸ 彼らは親切ではありません。（ kind / they / not / are ）.

They are not kind .

Q3 次の日本語の文を英語の文にかえ，＝＝に書きましょう。 (10点×3＝30点)

❶ 彼らはひまではありません。

They are not [They're not / They aren't] free.

❷ 私たちは看護師ではありません。

We are not [We're not / We aren't] nurses.

❸ 彼らは正直ではありません。

They are not [They're not / They aren't] honest.

ポイント「複数形のs」のつけ方の例
1. ch / sh / o / xで終わる名詞にはesをつけることが多い
　 peach「モモ」→ peaches　box「箱」→ boxes
2. yで終わる名詞はyをiに変えてesをつけることが多い
　 city「都市」→ cities　library「図書館」→ libraries

---

12 あなたたちはお笑い芸人ですか。
Are you comedians?

/100点　答え ➡ 別冊 p.8

112

「あなたたちは〜ですか」や「彼ら（彼女ら）は〜ですか」という意味の疑問文を作るときにはAre you 〜？やAre they 〜？のように，文のはじめにAreを，文のおわりに？（クエスチョンマーク）を置いて表現します。「はい」と答えるときには，Yes, we are. やYes, they are. を使います。また「いいえ」と答えるときには，No, we are not [we're not / we aren't]. やNo, they are not[they're not / they aren't]. を使います。theyは動物や物を指して「それらは」という意味もあります。

be動詞	主語	名詞
Are	you	comedians?

（〜ですか）（あなたたちは）　（お笑い芸人）
（あなたたちはお笑い芸人ですか。）
Yes, we are. （はい，そうです。）
No, we are not. （いいえ，ちがいます。）

名詞のワードリスト
comedian（お笑い芸人）　engineer（エンジニア）　bird（鳥）
peach（モモ）　beetle（カブトムシ）　box（箱）　pilot（パイロット）

状態や様子を表すワードリスト
happy（幸せな）　hungry（おなかがすいた）
funny（おもしろい）　healthy（健康な）

Q1 次の日本語の文に合うように，（　）内から正しいほうを選び，○でかこみましょう。 (10点×4＝40点)

❶ 彼らはエンジニアですか。— いいえ，ちがいます。
（～Are they～/ Are you ）engineers? — No, they are not.

❷ あなたたちは幸せですか。— いいえ，幸せではありません。
Are you happy? — No, （～we are not～/ they are not ）.

❸ それらは鳥ですか。— はい，そうです。
Are they birds? — Yes, （ we are /～they are～）.

❹ それらはモモですか。— いいえ，ちがいます。
Are they peaches? — No, （～they aren't～/ they not are ）.

Q2 次の日本語の文に合うように，（　）内の語や符号を並べかえ，＝＝に書きましょう。ただし，文のはじめにくる語も小文字になっています。 (10点×3＝30点)

❶ あなたたちはおなかがすいているのですか。— いいえ，すいていません。
（ you / are / hungry ）? — No, we are not.

Are you hungry ?

❷ それらはカブトムシですか。— はい，そうです。
（ they / beetles / are ）? — Yes, they are.

Are they beetles ?

❸ それらは箱ですか。— いいえ，ちがいます。
（ boxes / are / they ）? — （ they / no /, / not / are ）.

Are they boxes ? — No, they are not .

Q3 次の日本語の文を英語の文にかえ，＝＝に書きましょう。 (10点×3＝30点)

❶ あなたたちはパイロットですか。— はい，そうです。

Are you pilots? — Yes, we are.

❷ 彼らはおもしろいですか。— はい，おもしろいです。

Are they funny? — Yes, they are.

❸ あなたたちは健康ですか。— はい，健康です。

Are you healthy? — Yes, we are.

13 彼は歌手です。
He is a singer.

/100点　答え ➡ 別冊 p.9

113

「彼は〜です」と言いたいときには，He is[He's] 〜. と表現します。また「彼女は〜です」と言いたいときには，She is[She's] 〜. と表現します。be動詞は，これまで学習してきたam / areに加えて，今回学習するisの3種類があります。主語に合わせて使い分けることが大切です。

主語	be動詞		名詞	
He	is	a	singer.	（彼は歌手です。）
（彼は）	（〜です）		（歌手）	

主語	be動詞	形容詞	
She	is	busy.	（彼女はいそがしいです。）
（彼女は）	（〜です）	（いそがしい）	

職業のワードリスト
singer (歌手)　doctor (医者)　dancer (ダンサー)　photographer (写真家)
dentist (歯医者)　police officer (警察官)　taxi driver (タクシー運転手)

状態や様子を表すワードリスト
busy (いそがしい)　　rich (お金持ちな)　　brave (ゆうかんな)
cute (かわいらしい)　kind (親切な)

Q1 次の日本語の文に合うように，（　　）内から正しいほうを選び，〇でかこみましょう。 (10点×4=40点)

❶ 彼は医者です。（He is / She is）a doctor.

❷ 彼女はダンサーです。（She is / He is）a dancer.

❸ 彼女は写真家です。（She is / She）a photographer.

❹ 彼はお金持ちです。（He / He is）rich.

Q2 次の日本語の文に合うように，（　　）内の語を並べかえ，＿＿＿ に書きましょう。ただし，文のはじめにくる語も小文字になっています。(10点×3=30点)

❶ 彼はゆうかんです。（ brave / he / is ）.
He is brave .

❷ 彼女は歯医者です。（ is / she / a / dentist ）.
She is a dentist .

❸ 彼は警察官です。（ a / he / is / police officer ）.
He is a police officer .

Q3 次の日本語の文を英語の文にかえ，＿＿＿ に書きましょう。 (10点×3=30点)

❶ 彼はタクシー運転手です。
He is[He's] a taxi driver.

❷ 彼女はかわいらしいです。
She is[She's] cute.

❸ 彼女は親切です。
She is[She's] kind.

ポイント▶ my（私の〜）の使い方
my father「私のお父さん」のようにmy＋名詞では「私の〜」という意味になります。
My father is a police officer.（私のお父さんは警察官です。）

---

14 彼女はアーティストではありません。
She is not an artist.

/100点　答え ➡ 別冊 p.9

114

「彼は〜ではありません」や「彼女は〜ではありません」と言いたいときには，He is not 〜. や She is not 〜. のように表します。また He isn't 〜. や She isn't 〜. のように，短縮した形を使うこともできます。「〜」の部分に入れる職業などを表す名詞にはふつう，前にaをつけますが，actor (俳優) やengineer (エンジニア) のようにa / i / u / e / oの音で始まる語の前では，aの代わりにanをつけます。

主語	be動詞		名詞	
She	is		an	artist.
（彼女は）	（〜です）			（アーティスト）

（彼女はアーティストです。）

主語	be動詞		名詞	
She	is	not	an	artist.
（彼女は）	（〜ではありません）			（アーティスト）

（彼女はアーティストではありません。）

人を表すワードリスト
artist (アーティスト)　　florist (花屋)　　　　actor (俳優)
pianist (ピアニスト)　　my father (私のお父さん)　pilot (パイロット)
announcer (アナウンサー)　my mother (私のお母さん)　engineer (エンジニア)

状態や様子を表すワードリスト
active (活動的な)　funny (おもしろい)　busy (いそがしい)　angry (おこっている)

Q1 次の日本語の文に合うように，（　　）内から正しいほうを選び，〇でかこみましょう。 (10点×3=30点)

❶ 彼女は花屋ではありません。（She is not / He is not）a florist.

❷ 彼は俳優ではありません。（He not is / He is not）an actor.

❸ 彼女は活動的ではありません。（She isn't / She not）active.

Q2 次の日本語の文に合うように，（　　）内の語を並べかえ，＿＿＿ に書きましょう。ただし，文のはじめにくる語も小文字になっています。(10点×3=30点)

❶ 彼はおもしろくありません。（ is / he / not / funny ）.
He is not funny .

❷ 彼女はピアニストではありません。（ not / she / is / a pianist ）.
She is not a pianist .

❸ 私のお父さんはパイロットではありません。（ a pilot / my father / isn't ）.
My father isn't a pilot .

Q3 次の日本語の文を英語の文にかえ，＿＿＿ に書きましょう。 (10点×4=40点)

❶ 彼女はアナウンサーではありません。
She is not[isn't] an announcer.

❷ 私のお母さんはいそがしくありません。
My mother is not[isn't] busy.

❸ 彼女はおこっていません。
She is not[isn't] angry.

❹ 彼はエンジニアではありません。
He is not[isn't] an engineer.

ポイント▶ He[She] is notの短縮形
He is notはHe's not，She is notはShe's notとも短縮できます。

セクション 15 彼はいそがしいですか。 Is he busy?

/100点　答え ➡ 別冊 p.10

115

「彼は〜ですか」や「彼女は〜ですか」と言いたいときには，He is 〜.や She is 〜.の is を文のはじめに置いて，Is he 〜?や Is she 〜?のように表現します。答えるときには Yes, he is. / Yes, she is.や No, he is not[isn't]. / No, she is not[isn't]. のように表現します。また he の代わりに John（ジョン）や your father（あなたのお父さん），she の代わりに Mary（メアリー）や your mother（あなたのお母さん）などを使うこともできます。答えの文では，男性なら he を，女性なら she を使いましょう。

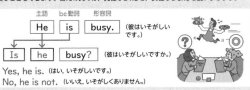

主語	be動詞	形容詞
He	is	busy.

（彼はいそがしいです。）

Is	he	busy?

（彼はいそがしいですか。）

Yes, he is.（はい，いそがしいです。）
No, he is not.（いいえ，いそがしくありません。）

人を表すワードリスト
your mother（あなたのお母さん）　your father（あなたのお父さん）
nurse（看護師）　police officer（警察官）　comedian（お笑い芸人）

状態や様子を表すワードリスト
busy（いそがしい）　hungry（おなかがすいた）　tall（背が高い）
kind（親切な）　shy（はずかしがりな）

Q1 次の日本語の文に合うように，（　）内から正しいほうを選び，〇でかこみましょう。 （10点×3＝30点）

❶ 彼女はアナウンサーですか。　（ Is she / She is ）an announcer?

❷ 彼は弁護士ですか。　（ He is / Is he ）a lawyer?

❸ ジョンは俳優ですか。― はい，そうです。
　 Is John an actor? ― Yes,（ he is / I am ）.

Q2 次の日本語の文に合うように，（　）内の語や符号を並べかえ，＿＿ に書きましょう。ただし，文のはじめにくる語も小文字になっています。（10点×3＝30点）

❶ あなたのお母さんは看護師ですか。― いいえ，ちがいます。
　（ a nurse / is / your mother ）? ― No, she is not.
　Is your mother a nurse ?

❷ メアリーはおなかがすいているのですか。― いいえ，すいていません。
　Is Mary hungry? ―（ isn't / no / , / she ）.
　No, she isn't .

❸ あなたのお父さんは警察官ですか。― はい，そうです。
　（ your father / is / a police officer ）? ― Yes, he is.
　Is your father a police officer ?

Q3 次の日本語の文を英語の文にかえ，＿＿ に書きましょう。 （10点×4＝40点）

❶ 彼女はお笑い芸人ですか。― いいえ，ちがいます。
　Is she a comedian? ― No, she is not.

❷ あなたのお父さんは背が高いですか。― はい，背が高いです。
　Is your father tall? ― Yes, he is.

❸ 彼は親切ですか。― いいえ，親切ではありません。
　Is he kind? ― No, he is not[isn't].

❹ ケイト（Kate）ははずかしがりですか。― はい，はずかしがりです。
　Is Kate shy? ― Yes, she is.

セクション 16 これはボートです。 This is a boat.

/100点　答え ➡ 別冊 p.10

116

「これは〜です」や「あれは〜です」と言いたいときには，This is 〜.や That is 〜.と表現することができます。That is 〜.は That's 〜.のように短縮した形を使うこともできます。「〜」の部分には a car（（1台の）車）や a bag（（1つの）カバン）のように名詞を置きましょう。

主語	be動詞		名詞
This	is	a	boat.

（これは）（〜です）（ボート）
（これはボートです。）

乗り物のワードリスト
boat（ボート）　car（車）　taxi（タクシー）
truck（トラック）　train（電車）　helicopter（ヘリコプター）
bus（バス）　bike（自転車）　airplane（飛行機）　ship（船）

Q1 次の日本語の文に合うように，（　）内から正しいほうを選び，〇でかこみましょう。 （10点×4＝40点）

❶ これは車です。
　（ This is / That is ）a car.

❷ あれはタクシーです。
　（ That / That is ）a taxi.

❸ あれはトラックです。
　（ That's / That ）a truck.

❹ これは電車です。
　（ That is / This is ）a train.

Q2 次の日本語の文に合うように，（　）内の語を並べかえ，＿＿ に書きましょう。ただし，文のはじめにくる語も小文字になっています。（10点×3＝30点）

❶ あれはヘリコプターです。　（ is / that / a helicopter ）.
　That is a helicopter .

❷ これはバスです。　（ a / bus / this / is ）.
　This is a bus .

❸ あれは自転車です。　（ a / that's / bike ）.
　That's a bike .

Q3 次の日本語の文を英語の文にかえ，＿＿ に書きましょう。 （10点×3＝30点）

❶ あれは飛行機です。
　That is[That's] an airplane.

❷ これは船です。
　This is a ship.

❸ あれはボートです。
　That is[That's] a boat.

ポイント ▶ 人をしょうかいする
This is 〜. や That is 〜. の，「〜」の部分に人の名前などを入れて，人のしょうかいをすることができます。This [That] is 〜. は「こちらは [あちらは]〜です」という意味になります。
This is Mary.（こちらはメアリーです。）

17 これはよいソファーではありません。
This is not a good sofa.

/100点　答え → 別冊 p.11

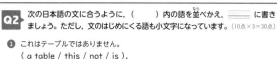

「これは～ではありません」や「あれは～ではありません」と言いたいときには This is not ～. や That is not ～. を使って表現します。This isn't ～. / That isn't ～. [That's not ～.] のように短縮した形を使うこともできます。また a と名詞の間に good (よい) や large (大きい) のような「名詞をくわしく説明する語 (形容詞)」を置くことができます。

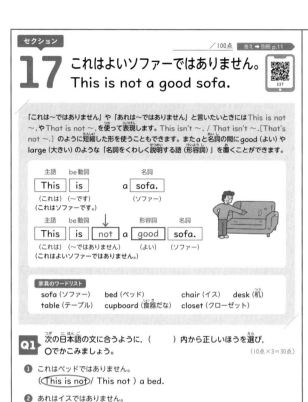

主語	be動詞		名詞
This	is	a	sofa.
(これは)	(～です。)		(ソファー)

(これはソファーです。)

主語	be動詞	↓	形容詞	名詞
This	is	not a	good	sofa.
(これは)	(～ではありません)		(よい)	(ソファー)

(これはよいソファーではありません。)

家具のワードリスト

sofa (ソファー)　bed (ベッド)　chair (イス)　desk (机)
table (テーブル)　cupboard (食器だな)　closet (クローゼット)

Q1 次の日本語の文に合うように, ( ) 内から正しいほうを選び, ○でかこみましょう。 (10点×3=30点)

❶ これはベッドではありません。
((This is not) / This not) a bed.

❷ あれはイスではありません。
((That is not) / This is not) a chair.

❸ あれは机ではありません。
((That's not) / That not) a desk.

Q2 次の日本語の文に合うように, ( ) 内の語を並べかえ, ＿＿ に書きましょう。ただし, 文のはじめにくる語も小文字になっています。 (10点×3=30点)

❶ これはテーブルではありません。
(a table / this / not / is).
This is not a table .

❷ あれは食器だなではありません。
(not / that's / a cupboard).
That's not a cupboard .

❸ あれはよいベッドではありません。
(a good bed / that / isn't).
That isn't a good bed .

Q3 次の日本語の文を英語の文にかえ, ＿＿ に書きましょう。 (10点×4=40点)

❶ あれはクローゼットではありません。
That is not [isn't] a closet.

❷ これはよい (good) テーブルではありません。
This is not [isn't] a good table.

❸ あれは大きな (large) イスではありません。
That is not [isn't] a large chair.

❹ これは安い (cheap) ベッドではありません。
This is not [isn't] a cheap bed.

---

18 これはお寺ですか。
Is this a temple?

/100点　答え → 別冊 p.11

「これは～ですか」や「あれは～ですか」と言いたいときには Is this ～? や Is that ～? を使って表現します。また, 答え方はどちらの表現も「はい」のときには Yes, it is. を使います。「いいえ」のときには No, it is not. を使います。No, it's not. や No, it isn't. のように短縮した形を使うこともあります。

be動詞	主語		名詞
Is	this	a	temple?
(～ですか)	(これは)		(お寺)

(これはお寺ですか。)

Yes, it is. (はい, そうです。)
No, it is not [it's not / it isn't]. (いいえ, ちがいます。)

建物のワードリスト

temple (お寺)　　　　　　supermarket (スーパーマーケット)
hospital (病院)　　　　　park (公園)
elementary school (小学校)　police station (警察署)
convenience store (コンビニ)　post office (郵便局)
station (駅)　stadium (スタジアム)　restaurant (レストラン)

Q1 次の日本語の文に合うように, ( ) 内から正しいほうを選び, ○でかこみましょう。 (10点×3=30点)

❶ これはスーパーマーケットですか。— はい, そうです。
((Is this) / This is) a supermarket? — Yes, it is.

❷ あれは病院ですか。— いいえ, ちがいます。
(That is / (Is that)) a hospital? — No, (this isn't / (it isn't)).

❸ あれは公園ですか。— はい, そうです。
((Is that) / Is this) a park? — Yes, ((it is) / he is).

Q2 次の日本語の文に合うように, ( ) 内の語や符号を並べかえ, ＿＿ に書きましょう。ただし, 文のはじめにくる語も小文字になっています。 (10点×3=30点)

❶ あれは小学校ですか。— いいえ, ちがいます。
(that / is / an elementary school) ? — No, it's not.
Is that an elementary school ?

❷ これは警察署ですか。— はい, そうです。
(is / a police station / this) ? — Yes, it is.
Is this a police station ?

❸ これはコンビニですか。— いいえ, ちがいます。
(a convenience store / is / this)? — No, it is not.
Is this a convenience store ?

Q3 次の日本語の文を英語の文にかえ, ＿＿ に書きましょう。 (10点×4=40点)

❶ これは駅ですか。— いいえ, ちがいます。
Is this a station? — No, it is not [it's not / it isn't].

❷ これはレストランですか。— はい, そうです。
Is this a restaurant? — Yes, it is.

❸ あれはスタジアムですか。— はい, そうです。
Is that a stadium? — Yes, it is.

❹ あれは郵便局ですか。— はい, そうです。
Is that a post office? — Yes, it is.

確認テスト1 1〜18

出題はんい 1〜18　答え→別冊 p.12　／100点

Q1 次の日本語の文に合うように、（　）内から正しいほうを選び、○でかこみましょう。 (3点×5＝15点)

(1) ユカはいそがしいです。　Yuka (are /(is)) busy.

(2) 私たちは生徒です。　We ((are)/ am) students.

(3) 私は幸せです。　I (are /(am)) happy.

(4) あなたは医者です。　You ((are)/ is) a doctor.

(5) 私のお母さんは親切です。　My mother (am /(is)) kind.

Q2 次の日本語の文に合うように、＿＿＿ に適する語を1つ書きましょう。 (5点×4＝20点)

(1) あなたは親切です。
You ＿are＿ kind.

(2) 彼女はお笑い芸人です。
She ＿is＿ a comedian.

(3) 私のお父さんはとてもおこっています。
My father ＿is＿ very angry.

(4) 私たちは警察官です。
＿We're＿ police officers.

Q3 次の日本語の文に合うように、（　）内の語を並べかえ、＿＿＿ に書きましょう。ただし、文のはじめにくる語も小文字になっています。 (8点×4＝32点)

(1) あれはお寺ですか。
(is / temple / a / that)?
Is that a temple ?

(2) あなたはつかれていますか。
(tired / are / you)?
Are you tired ?

(3) 彼らはおなかがすいていますか。
(hungry / they / are)?
Are they hungry ?

(4) あなたのお父さんは俳優ですか。
(father / is / your / actor / an)?
Is your father an actor ?

Q4 次の日本語の文を英語の文にかえ、＿＿＿ に書きましょう。 (11点×3＝33点)

(1) 彼はのどがかわいて（thirsty）いません。
He is not[isn't] thirsty.

(2) あなたはいそがしい（busy）ですか。— はい、いそがしいです。
Are you busy? — Yes, I am.

(3) 彼女は科学者（a scientist）です。
She is[She's] a scientist.

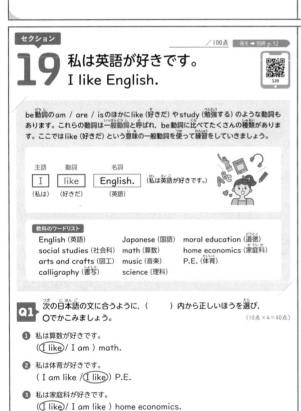

セクション 19 私は英語が好きです。
I like English.

／100点　答え → 別冊 p.12

be動詞のam / are / isのほかにlike（好きだ）やstudy（勉強する）のような動詞もあります。これらの動詞は一般動詞と呼ばれ、be動詞に比べてたくさんの種類があります。ここではlike（好きだ）という意味の一般動詞を使って練習をしていきましょう。

主語	動詞	名詞
I	like	English.
(私は)	(好きだ)	(英語)

（私は英語が好きです。）

教科のワードリスト
English (英語)　Japanese (国語)　moral education (道徳)
social studies (社会科)　math (算数)　home economics (家庭科)
arts and crafts (図工)　music (音楽)　P.E. (体育)
calligraphy (書写)　science (理科)

Q1 次の日本語の文に合うように、（　）内から正しいほうを選び、○でかこみましょう。 (10点×4＝40点)

❶ 私は算数が好きです。
((I like)/ I am) math.

❷ 私は体育が好きです。
(I am like /(I like)) P.E.

❸ 私は家庭科が好きです。
((I like)/ I am like) home economics.

❹ 私は理科が好きです。
(I like am /(I like)) science.

Q2 次の日本語の文に合うように、（　）内の語を並べかえ、＿＿＿ に書きましょう。 (10点×3＝30点)

❶ 私は図工が好きです。
(like / I) arts and crafts.
I like arts and crafts.

❷ 私は書写が好きです。
(like / I / calligraphy).
I like calligraphy .

❸ 私は社会科が好きです。
(social studies / I / like).
I like social studies .

Q3 次の日本語の文を英語の文にかえ、＿＿＿ に書きましょう。 (10点×3＝30点)

❶ 私は国語が好きです。
I like Japanese.

❷ 私は音楽が好きです。
I like music.

❸ 私は道徳が好きです。
I like moral education.

ポイント▶ like以外の代表的な一般動詞
speak (話す)　I speak English. (私は英語を話します。)
study (勉強する)　I study math. (私は算数を勉強します。)

セクション 20　あなたは野球が好きです。
You like baseball.

／100点　答え → 別冊 p.13　121

I like 〜.「私は〜が好きです」の主語の I を You に変えると,「あなた (たち) は〜が好きです」という文を作ることができます。You は「あなたは」のほかに,「あなたたちは」という複数の意味を表すことができます。

主語	動詞	名詞
I	like	baseball.
(私は)	(好きだ)	(野球)

(私は野球が好きです。)

主語	動詞	名詞
You	like	baseball.
(あなた (たち) は)	(好きだ)	(野球)

(あなた (たち) は野球が好きです。)

スポーツのワードリスト

baseball (野球)　　soccer (サッカー)　　tennis (テニス)
skiing (スキー)　　golf (ゴルフ)　　rugby (ラグビー)
table tennis (卓球)　　basketball (バスケットボール)
dodge ball (ドッジボール)　　skating (スケート)
volleyball (バレーボール)　　swimming (水泳)

Q1 次の日本語の文に合うように, (　　) 内から正しいほうを選び, ○でかこみましょう。　　(10点×4＝40点)

❶ あなたはサッカーが好きです。　(You like／You are) soccer.

❷ あなたたちはテニスが好きです。　(You are／You like) tennis.

❸ あなたはスキーが好きです。　(You are like／You like) skiing.

❹ あなたたちはゴルフが好きです。　(You like／You're like) golf.

Q2 次の日本語の文に合うように, (　　) 内の語を並べかえ, ＿＿ に書きましょう。ただし, 文のはじめにくる語も小文字になっています。(10点×3＝30点)

❶ あなたはラグビーが好きです。(like / you / rugby).
<u>You like rugby</u> .

❷ あなたたちは卓球が好きです。(you / table tennis / like).
<u>You like table tennis</u> .

❸ あなたはバスケットボールが好きです。(like / you / basketball).
<u>You like basketball</u> .

Q3 次の日本語の文を英語の文にかえ, ＿＿ に書きましょう。(10点×3＝30点)

❶ あなたはスケートが好きです。
<u>You like skating.</u>

❷ あなたたちはバレーボールが好きです。
<u>You like volleyball.</u>

❸ あなたは水泳が好きです。
<u>You like swimming.</u>

> **ポイント▶ You like 〜 . の意味**
> You like 〜 . は相手の好みを確認したり, 相手のことを理解していることを伝えるときにも使われます。日本語では「あなたは〜が好きなのですね。」のように考えるとよいでしょう。
> You like dogs. (あなたはイヌが好きなのですね。)

セクション 21　私たちはバドミントンが好きです。
We like badminton.

／100点　答え → 別冊 p.13　122

I like 〜.「私は〜が好きです」の I を We に変えると,「私たちは〜が好きです」という意味になります。They に変えると「彼ら (彼女ら) は〜が好きです」という意味になります。また文のおわりに very much という語句を置くと「〜がとても好きです」という意味になります。

主語	動詞	名詞
We	like	badminton.
(私たちは)	(好きだ)	(バドミントン)

(私たちはバドミントンが好きです。)

スポーツのワードリスト

badminton (バドミントン)　　soccer (サッカー)　　baseball (野球)
tennis (テニス)　　softball (ソフトボール)　　dodge ball (ドッジボール)

教科のワードリスト

English (英語)　　math (算数)　　science (理科)
music (音楽)　　social studies (社会科)　　Japanese (国語)

Q1 次の日本語の文に合うように, (　　) 内から正しいほうを選び, ○でかこみましょう。　　(10点×3＝30点)

❶ 私たちは英語が好きです。
(We like／You like) English.

❷ 私たちは算数が好きです。
(We like／They like) math.

❸ 彼らはテニスが好きです。
(They are like／They like) tennis.

Q2 次の日本語の文に合うように, (　　) 内の語を並べかえ, ＿＿ に書きましょう。ただし, 文のはじめにくる語も小文字になっています。(10点×3＝30点)

❶ 私たちはサッカーが好きです。
(like / we / soccer).
<u>We like soccer</u> .

❷ 彼女らは音楽がとても好きです。
(they / music / like) very much.
<u>They like music</u> very much.

❸ 私たちは社会科が好きです。
(social studies / we / like).
<u>We like social studies</u> .

Q3 次の日本語の文を英語の文にかえ, ＿＿ に書きましょう。(10点×4＝40点)

❶ 彼らはソフトボールが好きです。
<u>They like softball.</u>

❷ 私たちは野球がとても好きです。
<u>We like baseball very much.</u>

❸ 彼女らは国語が好きです。
<u>They like Japanese.</u>

❹ 私たちは理科がとても好きです。
<u>We like science very much.</u>

22 私はハンバーガーがほしいです。
I want a hamburger.

/100点　答え→別冊 p.14

likeに続いてwantを使って練習をしましょう。wantは「ほしい」という意味の一般動詞です。I want ～. で「私は～がほしい」という意味になります。ここでは食べ物や飲み物を表す単語とともに練習をしますが、飲み物を表す単語にはaやanをつけずに書きましょう。

主語	動詞		名詞
I	want	a	hamburger.
(私は)	(ほしい)		(ハンバーガー)

(私はハンバーガーがほしいです。)

主語	動詞	名詞
I	want	tea.
(私は)	(ほしい)	(紅茶)

(私は紅茶がほしいです。)

食べ物のワードリスト

hamburger (ハンバーガー)　　cake (ケーキ)　　pizza (ピザ)
fried chicken (フライドチキン)　French fries (フライドポテト)
sandwich (サンドウィッチ)　　apple pie (アップルパイ)
salad (サラダ)　　curry and rice (カレーライス)
parfait (パフェ)　　ice cream (アイスクリーム)

飲み物のワードリスト

tea (紅茶)　　coffee (コーヒー)
orange juice (オレンジジュース)　green tea (緑茶)
mango juice (マンゴージュース)　cold water (冷たい水)

Q1 次の日本語の文に合うように、（　　）内から正しいほうを選び、〇でかこみましょう。　　(10点×3＝30点)

❶ 私はケーキがほしいです。　（ (I want)/ I am) cake.

❷ 私はピザがほしいです。　（ (I want)/ I am want) a pizza.

❸ 私はコーヒーがほしいです。　（ (I want)/ I am want) coffee.

Q2 次の日本語の文に合うように、（　　）内の語を並べかえ、＿＿に書きましょう。　　(10点×3＝30点)

❶ 私はサンドウィッチがほしいです。（ want / I / a sandwich ）.

I want a sandwich.

❷ 私はアップルパイがほしいです。（ apple pie / I / want ）.

I want apple pie.

❸ 私はオレンジジュースがほしいです。（ I / orange juice / want ）.

I want orange juice.

Q3 次の日本語の文を英語の文にかえ、＿＿に書きましょう。　(10点×4＝40点)

❶ 私は緑茶がほしいです。

I want green tea.

❷ 私はマンゴージュースがほしいです。

I want mango juice.

❸ 私は冷たい水がほしいです。

I want cold water.

❹ 私はサラダがほしいです。

I want (a) salad.

---

23 あなたはバナナジュースがほしいです。
You want banana juice.

/100点　答え→別冊 p.14

I want ～. のIの代わりにYouを使って You want ～. にすると「あなた (たち) は～がほしいです (を望みます)」という意味になります。

主語	動詞	名詞
I	want	banana juice.
(私は)	(ほしい)	(バナナジュース)

(私はバナナジュースがほしいです。)

主語	動詞	名詞
You	want	banana juice.
(あなた (たち) は)	(ほしい)	(バナナジュース)

(あなた (たち) はバナナジュースがほしいです。)

食べ物のワードリスト

spaghetti (スパゲッティ)　　pizza (ピザ)
fried chicken (フライドチキン)　hamburger (ハンバーガー)
miso soup (みそしる)　　sandwich (サンドウィッチ)

飲み物のワードリスト

banana juice (バナナジュース)　coffee (コーヒー)　cold water (冷たい水)
hot milk (ホットミルク)

Q1 次の日本語の文に合うように、（　　）内から正しいほうを選び、〇でかこみましょう。　　(10点×4＝40点)

❶ あなたはスパゲッティがほしいです。（ (You want)/ You are) spaghetti.

❷ あなたはピザがほしいです。　（ You are want /(You want)) a pizza.

❸ あなたは熱いお茶がほしいです。（ You are like /(You want)) hot tea.

❹ あなたはオレンジジュースがほしいです。（ (You want)/ I want) orange juice.

Q2 次の日本語の文に合うように、（　　）内の語を並べかえ、＿＿に書きましょう。ただし、文のはじめにくる語も小文字になっています。(10点×3＝30点)

❶ あなたはコーヒーがほしいです。（ coffee / want / you ）.

You want coffee.

❷ あなたはフライドチキンがほしいです。（ want / you / fried chicken ）.

You want fried chicken.

❸ あなたは冷たい水がほしいです。（ want / you / cold water ）.

You want cold water.

Q3 次の日本語の文を英語の文にかえ、＿＿に書きましょう。　(10点×3＝30点)

❶ あなたはホットミルクがほしいです。

You want hot milk.

❷ あなたはみそしるがほしいです。

You want miso soup.

❸ あなたはサンドウィッチがほしいです。

You want a sandwich.

ポイント▶ You want ～. の意味

You want ～. は相手のほしいものを確認したり、相手のことを理解していることを伝えるときにも使われます。日本語の「あなたは～がほしいのですね。」のように考えるとよいでしょう。

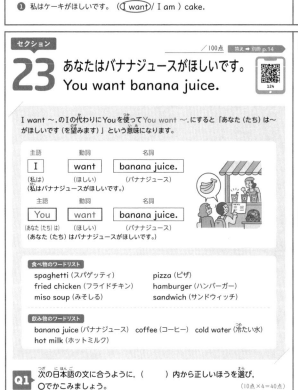

24 私たちは3つのリンゴがほしいです。
We want three apples.

/100点　答え → 別冊 p.15

125

I want 〜.のIをWe「私たちは」やThey「彼ら（彼女ら）は」に変えて、「私たちは〜がほしいです」「彼ら（彼女ら）は〜をほしがっています」という意味の文を作る練習をしましょう。ここでは「〜」の部分に「数字＋名詞s（複数）」の表現を作って文を作ってみましょう。また「some＋名詞s」は「いくつかの（名詞）」という意味で使われます。

主語	動詞	名詞
We	want	three apples.

（私たちは）（ほしい）（3つのリンゴ）
（私たちは3つのリンゴがほしいです。）

主語	動詞	名詞
They	want	some carrots.

（彼ら（彼女ら）は）（ほしがっています）（数本のニンジン）
（彼ら（彼女ら）は数本のニンジンをほしがっています。）

〈くだもの・野菜のワードリスト〉
apple（リンゴ）　　carrot（ニンジン）　　pineapple（パイナップル）
peach（モモ）　　pumpkin（カボチャ）　　cucumber（キュウリ）
orange（オレンジ）　　egg（卵）　　banana（バナナ）　　lemon（レモン）

〈数のワードリスト〉
one（1）　　two（2）　　three（3）　　four（4）　　five（5）

Q1 次の日本語の文に合うように、（　　）内から正しいほうを選び、○でかこみましょう。　　(10点×4＝40点)

❶ 私たちは1つのパイナップルがほしいです。（ We are want /(We want) ）a pineapple.

❷ 私たちは3つのモモがほしいです。（(We want)/ I want ）three peaches.

❸ 彼らは4本のニンジンをほしがっています。（(They want)/ We want ）four carrots.

❹ 彼らは2つのカボチャをほしがっています。（(They want)/ They are want ）two pumpkins.

Q2 次の日本語の文に合うように、（　　）内の語を並べかえ、＿＿＿に書きましょう。ただし、文のはじめにくる語も小文字になっています。　(10点×3＝30点)

❶ 私たちは3本のキュウリがほしいです。（ want / we / cucumbers / three ）.
We want three cucumbers .

❷ 彼らは4つのオレンジをほしがっています。（ four / they / want / oranges ）.
They want four oranges .

❸ 私たちは5つの卵がほしいです。（ five / want / we / eggs ）.
We want five eggs .

Q3 次の日本語の文を英語の文にかえ、＿＿＿に書きましょう。　(10点×3＝30点)

❶ 私たちは数本の（some）バナナがほしいです。
We want some bananas.

❷ 彼らは5つのレモンをほしがっています。
They want five lemons.

❸ 彼らは数本のニンジンをほしがっています。
They want some carrots.

ポイント▶ 単数と複数
2以上の数を表す言葉の後ろでは「名詞＋s」をつけて表します。このsは「複数形のs」と呼ばれていて「名詞が2つ（2人）以上」あることを表します。「名詞が1つ（1人）」であることを「単数」と呼びますが、その場合には、これまで学習したa[an]＋名詞やone＋名詞で表し、名詞にsはつけません。

---

25 私はギターを演奏します。
I play the guitar.

/100点　答え → 別冊 p.15

126

「一般動詞」のplayを使って練習をしましょう。playはplay＋スポーツで「（スポーツ）をする」や、play＋the＋楽器で「（楽器）を演奏する」という意味で使います。playの後ろに楽器を表す名詞を置くときには、名詞の前にtheを置きましょう。

主語	動詞	名詞
I	play	the guitar.

（私は）（演奏する）（ギター）
（私はギターを演奏します。）

主語	動詞	名詞
I	play	basketball.

（私は）（する）（バスケットボール）
（私はバスケットボールをします。）

〈楽器のワードリスト〉
guitar（ギター）　　harmonica（ハーモニカ）　　drums（ドラム）
violin（バイオリン）　　recorder（リコーダー）

〈スポーツのワードリスト〉
basketball（バスケットボール）　　soccer（サッカー）　　rugby（ラグビー）
tennis（テニス）　　volleyball（バレーボール）　　baseball（野球）
dodge ball（ドッジボール）

Q1 次の日本語の文に合うように、（　　）内から正しいほうを選び、○でかこみましょう。　　(10点×4＝40点)

❶ 私はサッカーをします。（(I play)/ I am play ）soccer.

❷ 私たちはバスケットボールをします。（ We are play /(We play) ）basketball.

❸ 彼らはラグビーをします。（(They play)/ They're play ）rugby.

❹ 私はハーモニカを演奏します。（(I play)/ I'm play ）the harmonica.

Q2 次の日本語の文に合うように、（　　）内の語を並べかえ、＿＿＿に書きましょう。ただし、文のはじめにくる語も小文字になっています。　(10点×3＝30点)

❶ 私はテニスをします。（ play / I / tennis ）.
I play tennis .

❷ 私たちはバレーボールをします。（ volleyball / we / play ）.
We play volleyball .

❸ 彼らはドラムを演奏します。（ they / the / play / drums ）.
They play the drums .

Q3 次の日本語の文を英語の文にかえ、＿＿＿に書きましょう。　(10点×3＝30点)

❶ 私はバイオリンを演奏します。
I play the violin.

❷ あなたはリコーダーを演奏します。
You play the recorder.

❸ 私たちは野球をします。
We play baseball.

ポイント▶ a・an・theの違い
aとanに加え、ここで出てきたtheの3つを冠詞と呼びます。aやanは「1つ（1人）の」という意味で後ろに単数形の名詞を置いて使います。theは「その」という意味でも使います。
a carrot（1本のニンジン）　　the carrot（その（1本の）ニンジン）

15

セクション 26

私は毎日，理科を勉強します。
I study science every day.

/100点　答え ➡ 別冊 p.16

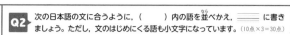

いろいろな一般動詞を使って練習をしましょう。下の文の中で使われている every day は（毎日）という意味です。ほかの表現に every morning（毎朝），every night（毎晩），every week（毎週），every month（毎月），every year（毎年）などがあります。

主語	動詞	名詞	
I	study	science	every day.
（私は）	（勉強する）	（理科）	（毎日）

（私は毎日，理科を勉強します。）

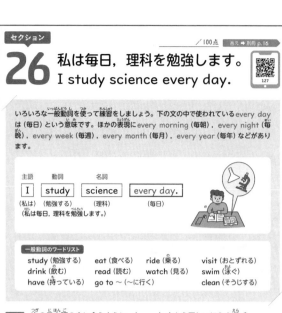

一般動詞のワードリスト

study（勉強する）	eat（食べる）	ride（乗る）	visit（おとずれる）
drink（飲む）	read（読む）	watch（見る）	swim（泳ぐ）
have（持っている）	go to ～（～に行く）		clean（そうじする）

Q1 次の日本語の文に合うように，（　）内から正しいほうを選び，〇でかこみましょう。 （10点×4＝40点）

❶ 私は毎週，ハンバーガーを食べます。
（ I eat / I drink ）a hamburger every week.

❷ 私は一輪車に乗ります。
（ I ride / I read ）a unicycle.

❸ 私たちは毎年，大阪をおとずれます。
（ We visit / We study ）Osaka every year.

❹ 彼らは毎朝，冷たい水を飲みます。
（ They drink / They watch ）cold water every morning.

Q2 次の日本語の文に合うように，（　）内の語を並べかえ，＿＿ に書きましょう。ただし，文のはじめにくる語も小文字になっています。（10点×3＝30点）

❶ 私は毎日，小説を読みます。（ read / novel / a / I ）every day.
　I read a novel every day.

❷ 彼らは毎週，映画を見ます。（ they / movie / watch / a ）every week.
　They watch a movie every week.

❸ 私たちはプールで泳ぎます。（ swim / in the pool / we ）.
　We swim in the pool .

Q3 次の日本語の文を英語の文にかえ，＿＿ に書きましょう。 （10点×3＝30点）

❶ 私は車（a car）を持っています。
　I have a car.

❷ 私たちは毎日（every day），学校（school）に行きます。
　We go to school every day.

❸ 彼らは毎週（every week），その部屋（the room）をそうじします。
　They clean the room every week.

ポイント 単語とセットの動詞

英語の動詞の中には，別の単語とセットにして使われるものがあります。その代表的なものをしょうかいします。
listen to ～（～を聞く）　get up（起きる）　stand up（立ち上がる）

セクション 27

私はいつも学校に歩いて行きます。
I always walk to school.

/100点　答え ➡ 別冊 p.16

「ひんど」を表す単語について勉強しましょう。ひんどを表す単語は，always（いつも），usually（ふつうは），often（しばしば），sometimes（ときどき），never（全く～ない）などがあります。これらの単語はふつう一般動詞の前に置いて使います。

主語		動詞	名詞	
I		walk to	school.	
（私は）		（～に歩いて行く）	（学校）	

（私は学校に歩いて行きます。）

主語	ひんどを表す語	動詞	名詞
I	always	walk to	school.
（私は）	（いつも）	（～に歩いて行く）	（学校）

（私はいつも学校に歩いて行きます。）

一般動詞のワードリスト

walk to ～（～に歩いて行く）	run to ～（～に走って行く）	read（読む）
play（（スポーツ）をする）	watch（見る）	study（勉強する）
speak（話す）	drink（飲む）	drive to ～（～まで運転する）

Q1 次の日本語の文に合うように，（　）内から正しいほうを選び，〇でかこみましょう。 （10点×4＝40点）

❶ 私はしばしば学校まで走って行きます。I（ often / always ）run to school.

❷ 私たちはときどき小説を読みます。We（ sometimes / often ）read a novel.

❸ 私はいつも放課後，野球をします。
I（ always / usually ）play baseball after school.

❹ 彼らはふつう放課後，サッカーをします。
They（ usually / sometimes ）play soccer after school.

Q2 次の日本語の文に合うように，（　）内の語を並べかえ，＿＿ に書きましょう。ただし，文のはじめにくる語も小文字になっています。（10点×3＝30点）

❶ 私はしばしば映画を見ます。（ often / watch / I ）a movie.
　I often watch a movie.

❷ 私たちは全く音楽の勉強をしません。（ music / we / never / study ）.
　We never study music .

❸ 彼らはふつうオフィスに歩いて行きます。
（ usually / they / walk ）to the office.
　They usually walk to the office.

Q3 次の日本語の文を英語の文にかえ，＿＿ に書きましょう。 （10点×3＝30点）

❶ 私たちはふつう英語（English）を話します。
　We usually speak English.

❷ 私はときどきコーラ（cola）を飲みます。
　I sometimes drink cola.

❸ 彼らはいつもオフィス（the office）まで運転します。
　They always drive to the office.

ポイント ひんどを表す語

never	sometimes	often	usually	always
（全く～ない）	（ときどき）	（しばしば）	（ふつうは）	（いつも）
0%		50%		100%

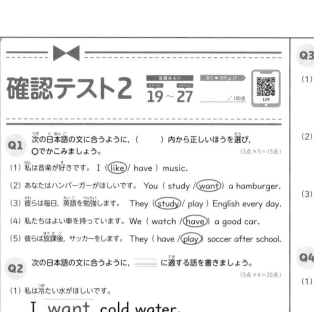

確認テスト2 19〜27

出題はんい セクション 19 〜 セクション 27　答え➡別冊 p.17　/100点

129

Q1 次の日本語の文に合うように，（　）内から正しいほうを選び，○でかこみましょう。 (3点×5=15点)

(1) 私は音楽が好きです。 I (like)/ have) music.

(2) あなたはハンバーガーがほしいです。 You (study /(want)) a hamburger.

(3) 彼らは毎日，英語を勉強します。 They ((study)/ play) English every day.

(4) 私たちはよい車を持っています。We (watch /(have)) a good car.

(5) 彼らは放課後，サッカーをします。 They (have /(play)) soccer after school.

Q2 次の日本語の文に合うように，＿＿に適する語を書きましょう。 (5点×4=20点)

(1) 私は冷たい水がほしいです。
I __want__ cold water.

(2) 私は毎日，学校に行きます。
I __go__ to school every day.

(3) 私たちはときどきプールで泳ぎます。
We sometimes __swim__ in the pool.

(4) 私は毎日，紅茶を飲みます。
I __drink__ tea every day.

Q3 次の日本語の文に合うように，（　）内の語を並べかえ，＿＿に書きましょう。ただし，文のはじめにくる語も小文字になっています。 (7点×3=21点)

(1) 私たちはパンダが好きです。
(like / pandas / we).
We like pandas .

(2) 彼らはしばしばギターを演奏します。
(play / guitar / often / they / the).
They often play the guitar .

(3) 私たちは毎朝，コーヒーを飲みます。
(every morning / we / coffee / drink).
We drink coffee every morning .

Q4 次の日本語の文を英語の文にかえ，＿＿に書きましょう。 (11点×4=44点)

(1) 私たちは数個の卵 (some eggs) がほしいです。
We want some eggs.

(2) 彼らは毎日，野球 (baseball) をします。
They play baseball every day.

(3) 私は毎晩，英語を勉強します。
I study English every night.

(4) あなたたちは放課後 (after school)，ピアノ (piano) を演奏します。
You play the piano after school.

セクション

28 私はマラソンが好きではありません。
I don't like marathons.

/100点　答え➡別冊 p.17

130

I like 〜．「私は〜が好きです」という文を「私は〜が好きではありません」という意味の否定文にするには，I do not 〜．にします。do not は don't のように短縮した形を使い，I don't like 〜．のように表すこともできます。

主語		動詞	名詞
I		like	marathons.

（私はマラソンが好きです。）

主語	↓	動詞	名詞
I	don't	like	marathons.
（私は）	（好きではない）		（マラソン）

（私はマラソンが好きではありません。）

スポーツのワードリスト
marathon（マラソン）　soccer（サッカー）　tennis（テニス）
rugby（ラグビー）　basketball（バスケットボール）　baseball（野球）
dodge ball（ドッジボール）

教科のワードリスト
calligraphy（書写）　Japanese（国語）
social studies（社会科）　science（理科）

Q1 次の日本語の文に合うように，（　）内から正しいほうを選び，○でかこみましょう。 (10点×3=30点)

❶ 私はサッカーが好きではありません。 I (am not like /(do not like)) soccer.

❷ 私はテニスが好きではありません。 I ((don't like)/ not like) tennis.

❸ 私は書写が好きではありません。
（ I like do not /(I do not like)) calligraphy.

Q2 次の日本語の文に合うように，（　）内の語を並べかえ，＿＿に書きましょう。 (10点×3=30点)

❶ 私はラグビーが好きではありません。
(rugby / do / I / not / like).
I do not like rugby .

❷ 私はバスケットボールが好きではありません。
(do / I / like / basketball / not).
I do not like basketball .

❸ 私は国語が好きではありません。
(don't / Japanese / I / like).
I don't like Japanese .

Q3 次の日本語の文を英語の文にかえ，＿＿に書きましょう。 (10点×4=40点)

❶ 私は野球が好きではありません。
I do not[don't] like baseball.

❷ 私はドッジボールが好きではありません。
I do not[don't] like dodge ball.

❸ 私は社会科が好きではありません。
I do not[don't] like social studies.

❹ 私は理科が好きではありません。
I do not[don't] like science.

17

セクション 29 — 彼らはキウイフルーツが好きではありません。
They don't like kiwi fruits.

/100点　答え ➡ 別冊 p.18　131

We like 〜.「私たちは〜が好きです」や They like 〜.「彼ら（彼女ら）は〜が好きです」という文を否定文にするときにも、like の前に do not や don't を置いて表します。

主語	動詞	名詞
They	like	kiwi fruits.

（彼ら（彼女ら）はキウイフルーツが好きです。）

主語	動詞	名詞
They	don't	like	kiwi fruits.

（彼ら（彼女ら）は）（好きではない）（キウイフルーツ）
（彼らはキウイフルーツが好きではありません。）

くだもの・野菜のワードリスト

kiwi fruit（キウイフルーツ）　eggplant（ナス）　broccoli（ブロッコリー）
pumpkin（カボチャ）　melon（メロン）　onion（タマネギ）
garlic（ニンニク）　lemon（レモン）　cauliflower（カリフラワー）
carrot（ニンジン）　mushroom（マッシュルーム）

Q1 次の日本語の文に合うように、（　）内から正しいほうを選び、〇でかこみましょう。 (10点×4＝40点)

❶ 私たちはナスが好きではありません。
（ We do not like / We are not like ）eggplants.

❷ 私たちはブロッコリーが好きではありません。
（ We don't like / We aren't like ）broccoli.

❸ 彼らはカボチャが好きではありません。
（ They don't like / They not like ）pumpkins.

❹ 彼らはメロンが好きではありません。
（ They're not like / They don't like ）melons.

Q2 次の日本語の文に合うように、（　）内の語を並べかえ、＿＿＿ に書きましょう。ただし、文のはじめにくる語も小文字になっています。(10点×3＝30点)

❶ 彼らはタマネギが好きではありません。（ don't / like / onions / they ）.
They don't like onions .

❷ 私たちはニンニクが好きではありません。（ do / not / like / we / garlic ）.
We do not like garlic .

❸ 私たちはレモンが好きではありません。（ lemons / don't / we / like ）.
We don't like lemons .

Q3 次の日本語の文を英語の文にかえ、＿＿＿ に書きましょう。(10点×3＝30点)

❶ 私たちはカリフラワーが好きではありません。
We do not[don't] like cauliflower.

❷ 彼らはニンジンが好きではありません。
They do not[don't] like carrots.

❸ 彼らはマッシュルームが好きではありません。
They do not[don't] like mushrooms.

ポイント▶「それほど〜ではない」という場合

very much は not といっしょに使うと「それほど〜ではない」という意味になります。
They don't like kiwi fruits very much.
（彼らはそれほどキウイフルーツが好きではありません。）

セクション 30 — あなたは夏が好きですか。
Do you like summer?

/100点　答え ➡ 別冊 p.18　132

You like 〜.「あなた（たち）は〜が好きです」という文を「あなた（たち）は〜が好きですか」という意味の疑問文にするには、文のはじめに Do を置いて文のおわりに？（クエスチョンマーク）を置きます。

主語	動詞	名詞
You	like	summer.

（あなた（たち）は夏が好きです。）

主語	動詞	名詞
Do	you	like	summer?

（あなた（たち）は）（好きだ）（夏）
（あなた（たち）は夏が好きですか。）

季節のワードリスト

summer（夏）　spring（春）　autumn（秋）　winter（冬）

花のワードリスト

sunflower（ひまわり）　tulip（チューリップ）　cosmos（コスモス）
cherry blossom（桜の花）　rose（バラ）

Q1 次の日本語の文に合うように、（　）内から正しいほうを選び、〇でかこみましょう。 (10点×4＝40点)

❶ あなたは夏が好きですか。（ Do you like / Are you like ）summer?

❷ あなたは春が好きですか。（ You do like / Do you like ）spring?

❸ あなたはひまわりが好きですか。（ Like you / Do you like ）sunflowers?

❹ あなたはコスモスが好きですか。（ Are you like / Do you like ）cosmoses?

Q2 次の日本語の文に合うように、（　）内の語を並べかえ、＿＿＿ に書きましょう。ただし、文のはじめにくる語も小文字になっています。(10点×3＝30点)

❶ あなたは秋が好きですか。（ you / do / like / autumn ）?
Do you like autumn ?

❷ あなたは冬が好きですか。（ winter / do / you / like ）?
Do you like winter ?

❸ あなたはチューリップが好きですか。（ tulips / do / like / you ）?
Do you like tulips ?

Q3 次の日本語の文を英語の文にかえ、＿＿＿ に書きましょう。(10点×3＝30点)

❶ あなたたちは春が好きですか。
Do you like spring?

❷ あなたは桜の花（cherry blossoms）が好きですか。
Do you like cherry blossoms?

❸ あなたはバラが好きですか。
Do you like roses?

ポイント▶ Are you 〜? と Do you 〜?

疑問文の Are you 〜? では「〜」の部分に名詞や形容詞が置かれましたね。疑問文の Do you 〜? では「〜」の部分には必ず一般動詞が置かれます。大切な内容なので、ここでもう一度確認しておきましょう。

セクション 31

「あなたは〜が好きですか。」に対する答え方
Yes, I do. / No, I don't.

／100点　答え ➡ 別冊 p.19　[133]

Do you like 〜? 「あなた（たち）は〜が好きですか」という疑問文に答えるときには，「はい，（好きです）。」であれば，Yes, I do. や Yes, we do. を使います。「いいえ，（好きではありません）。」であれば No, I do not [don't]. や No, we do not [don't]. を使います。

主語	動詞	名詞
Do	you	like	gorillas?

（あなたは）（好きだ）（ゴリラ）
（あなたはゴリラが好きですか。）

Yes, I do.（はい，好きです。）
No, I do not [don't].（いいえ，好きではありません。）

動物のワードリスト

gorilla（ゴリラ）	dog（イヌ）	bird（鳥）
tiger（トラ）	hamster（ハムスター）	monkey（サル）
lion（ライオン）	koala（コアラ）	snake（ヘビ）
cat（ネコ）	rabbit（ウサギ）	horse（ウマ）

Q1 次の日本語の文に合うように，（　　）内から正しいほうを選び，○でかこみましょう。　(10点×3＝30点)

❶ あなたはイヌが好きですか。— はい，好きです。
(**Do you like** / Are you like) dogs? — Yes, (**I do** / you do).

❷ あなたは鳥が好きですか。— いいえ，好きではありません。
(**Do you like** / Are you like) birds? — No, (I'm not / **I don't**).

❸ あなたたちはゴリラが好きですか。— いいえ，好きではありません。
(Like you / **Do you like**) gorillas? — No, (**we don't** / we aren't).

Q2 次の日本語の文に合うように，（　　）内の語を並べかえ，＝＝ に書きましょう。ただし，文のはじめにくる語も小文字になっています。　(10点×3＝30点)

❶ あなたはトラが好きですか。— はい，好きです。
Do you like tigers? — (I / , / yes / do).
— <u>Yes, I do</u> .

❷ あなたたちはハムスターが好きですか。— いいえ，好きではありません。
Do you like hamsters? — (don't / no / , / we).
— <u>No, we don't</u> .

❸ あなたはサルが好きですか。— いいえ，好きではありません。
Do you like monkeys? — (not / no / , / I / do).
— <u>No, I do not</u> .

Q3 次の日本語の文を英語の文にかえ，＝＝ に書きましょう。　(10点×4＝40点)

❶ あなたはライオンが好きですか。— いいえ，好きではありません。
Do you like lions? — <u>No, I do not [don't].</u>

❷ あなたはコアラが好きですか。— はい，好きです。
Do you like koalas? — <u>Yes, I do.</u>

❸ あなたはヘビが好きですか。— いいえ，好きではありません。
Do you like snakes? — <u>No, I do not [don't].</u>

❹ あなたたちはネコが好きですか。— はい，好きです。
Do you like cats? — <u>Yes, we do.</u>

セクション 32

彼らは料理が好きですか。
Do they like cooking?

／100点　答え ➡ 別冊 p.19　[134]

They like 〜.「彼らは〜が好きです」という文を「彼らは〜が好きですか」という意味の疑問文にするときには，文のはじめに Do を置いて，文のおわりに？（クエスチョンマーク）を置きます。答えが「はい」のときは Yes, they do.，「いいえ」のときは No, they do not [don't]. と答えます。このセクションの例文や問題では，「〜」の部分の単語がすべて -ing で終わっています。この -ing は「〜すること」という意味になります。

主語	動詞	名詞
They	like	cooking.

（彼ら（彼女ら）は料理（すること）が好きです。）
↓
| Do | they | like | cooking? |

（彼ら（彼女ら）は）（好きだ）（料理（すること））
（彼ら（彼女ら）は料理（すること）が好きですか。）

Yes, they do.（はい，好きです。）
No, they do not [don't].（いいえ，好きではありません。）

趣味のワードリスト

cooking（料理）	swimming（水泳）	dancing（ダンス）
shopping（買い物）	fishing（つり）	camping（キャンプ）
driving（ドライブ）	reading（読書）	skiing（スキー）
traveling（旅行）	jogging（ジョギング）	

Q1 次の日本語の文に合うように，（　　）内から正しいほうを選び，○でかこみましょう。　(10点×4＝40点)

❶ 彼らは水泳が好きですか。— はい，好きです。
(**Do they like** / Are you like) swimming? — Yes, (**they do** / I do).

❷ 彼らはダンスが好きではありません。— いいえ，好きではありません。
(They do like / **Do they like**) dancing? — No, (they are not / **they do not**).

❸ 彼らは買い物が好きですか。— いいえ，好きではありません。
(**Do they like** / Do you like) shopping? — No, (**they don't** / they aren't).

❹ 彼らはつりが好きですか。— はい，好きです。
(Like they / **Do they like**) fishing? — Yes, (we do / **they do**).

Q2 次の日本語の文に合うように，（　　）内の語を並べかえ，＝＝ に書きましょう。ただし，文のはじめにくる語も小文字になっています。　(10点×3＝30点)

❶ 彼らはキャンプが好きですか。
(they / do / like / camping)?
<u>Do they like camping</u> ?

❷ 彼らはドライブが好きですか。— いいえ，好きではありません。
Do they like driving? — (no / , / they / not / do).
— <u>No, they do not</u> .

❸ 彼らは読書が好きですか。— いいえ，好きではありません。
Do they like reading? — (no / they / , / don't).
— <u>No, they don't</u> .

Q3 次の日本語の文を英語の文にかえ，＝＝ に書きましょう。　(10点×3＝30点)

❶ 彼らはスキーが好きですか。— はい，好きです。
Do they like skiing? — <u>Yes, they do.</u>

❷ 彼らは旅行が好きですか。— いいえ，好きではありません。
<u>Do they like traveling?</u> — No, they do not.

❸ 彼らはジョギングが好きですか。— はい，好きです。
<u>Do they like jogging?</u> — Yes, they do.

33 私はビニールぶくろがほしくありません。
I don't want a plastic bag.

/100点　答え ➡ 別冊 p.20

135

I want 〜. 「私は〜がほしいです」という文を「私は〜がほしくありません」という意味の否定文にするときには，I do not want 〜. のように want の前に do not を置いて表します。do not は don't のように短縮した形を使うこともできます。

主語	動詞	名詞
I	want	a plastic bag.

（私はビニールぶくろがほしいです。）

主語		動詞	名詞
I	don't	want	a plastic bag.

（私は）　（ほしくない）　（ビニールぶくろ）
（私はビニールぶくろがほしくありません。）

身のまわりのもののワードリスト
plastic bag（ビニールぶくろ）　car（車）　pencil（えんぴつ）　bike（自転車）
cap（ぼうし，キャップ）　map（地図）　smartphone（スマートフォン）
sofa（ソファー）　bag（カバン，ふくろ）　chair（イス）
computer（コンピューター）

Q1 次の日本語の文に合うように，（　）内から正しいほうを選び，〇でかこみましょう。 (10点×4＝40点)

❶ 私は車がほしくありません。（ I do not want / I am not want ）a car.

❷ 私はえんぴつがほしくありません。（ I'm not want / don't want ）a pencil.

❸ 私は自転車がほしくありません。（ I do not want / I not want ）a bike.

❹ 私はぼうしがほしくありません。（ don't want / I want don't ）a cap.

Q2 次の日本語の文に合うように，（　　）内の語を並べかえ，＿＿に書きましょう。 (10点×3＝30点)

❶ 私は地図がほしくありません。（ I / a map / not / do / want ）.
I do not want a map .

❷ 私はスマートフォンがほしくありません。（ a smartphone / don't / want / I ）.
I don't want a smartphone .

❸ 私は大きなソファーがほしくありません。（ don't / I / want / a large sofa ）.
I don't want a large sofa .

Q3 次の日本語の文を英語の文にかえ，＿＿に書きましょう。 (10点×3＝30点)

❶ 私はカバンがほしくありません。
I do not [don't] want a bag.

❷ 私はイスがほしくありません。
I do not [don't] want a chair.

❸ 私は高価な (expensive) コンピューターがほしくありません。
I do not [don't] want an expensive computer.

ポイント▶ 何もほしくない場合
「何もほしくありません。」と言いたい場合には I do not [don't] want anything. と表現します。anything は「何か」という意味の語ですが，否定文の中では「何も〜ない」という意味を持ちます。

---

34 私たちは自転車がほしくありません。
We don't want a bike.

/100点　答え ➡ 別冊 p.20

136

We want 〜. 「私たちは〜がほしいです」や They want 〜. 「彼らは〜をほしがっています」という文を否定文にするときには，We do not want 〜. や They do not want 〜. のように want の前に do not を置きます。この do not は don't のように短縮した形を使うこともできます。

主語	動詞	名詞
We	want	a bike.

（私たちは自転車がほしいです。）

主語		動詞	名詞
We	don't	want	a bike.

（私たちは）　（ほしくない）　（自転車）
（私たちは自転車がほしくありません。）

身のまわりのもののワードリスト
bike（自転車）　car（車）　computer（コンピューター）
stapler（ホチキス）　eraser（消しゴム）　pencil（えんぴつ）
ruler（ものさし）　gloves（手ぶくろ）　glasses（メガネ）
umbrella（かさ）　notebook（ノート）

Q1 次の日本語の文に合うように，（　）内から正しいほうを選び，〇でかこみましょう。 (10点×4＝40点)

❶ 私たちは車がほしくありません。
We（ do not want / are not want ）a car.

❷ 彼らはコンピューターをほしがっていません。
They（ not want / do not want ）a computer.

❸ 私たちはホチキスがほしくありません。
（ We don't want / We aren't want ）a stapler.

❹ 彼らは消しゴムをほしがっていません。
（ They aren't want / They don't want ）an eraser.

Q2 次の日本語の文に合うように，（　　）内の語を並べかえ，＿＿に書きましょう。ただし，文のはじめにくる語も小文字になっています。 (10点×3＝30点)

❶ 彼らはえんぴつをほしがっていません。（ a pencil / do / they / not / want ）.
They do not want a pencil .

❷ 彼らはものさしをほしがっていません。（ don't / they / want / a ruler ）.
They don't want a ruler .

❸ 私たちは手ぶくろがほしくありません。（ we / gloves / do / not / want ）.
We do not want gloves .

Q3 次の日本語の文を英語の文にかえ，＿＿に書きましょう。 (10点×3＝30点)

❶ 彼らはメガネをほしがっていません。
They do not [don't] want glasses.

❷ 彼らはかさ (an umbrella) をほしがっていません。
They do not [don't] want an umbrella.

❸ 私たちはノート (a notebook) がほしくありません。
We do not [don't] want a notebook.

セクション 35

35 あなたはマンガがほしいですか。
Do you want a comic book?

/100点　答え ➡ 別冊 p.21　137

You want ～。「あなた（たち）は～がほしいです」という文を疑問文にするときには、Doを文のはじめに置き、文のおわりに？（クエスチョンマーク）を置いて作ります。答えるときには、「はい」であればYes, I do. / Yes, we do.を使います。「いいえ」であればNo, I do not[don't]. / No, we do not[don't].を使います。

```
   主語      動詞       名詞
  You  │ want │ a │ comic book. │
（あなたはマンガがほしいです。）

   主語      動詞       名詞
│ Do │ you │ want │ a │ comic book? │
（あなたは）      （マンガ）
（あなたはマンガがほしいですか。）

Yes, I do.（はい、ほしいです。）
No, I do not [don't].（いいえ、ほしくありません。）
```

身のまわりのもののワードリスト

comic book (マンガ)　car (車)　bike (自転車)　notebook (ノート)
umbrella (かさ)　bed (ベッド)　eraser (消しゴム)
bag (カバン、ふくろ)　map (地図)　smartphone (スマートフォン)

Q1 次の日本語の文に合うように、（　）内から正しいほうを選び、○でかこみましょう。 (10点×4＝40点)

❶ あなたはマンガがほしいですか。 — はい、ほしいです。
（Do you want / Are you want）a comic book? — Yes, (I am / I do).

❷ あなたは新しい車がほしいですか。 — いいえ、ほしくありません。
(Are you want / Do you want) a new car? — No, (I do not / I am not).

❸ あなたたちは自転車がほしいですか。 — はい、ほしいです。
(Do you want / You do want) a bike? — Yes, (we are / we do).

❹ あなたたちはノートがほしいですか。 — いいえ、ほしくありません。
(Do want you / Do you want) a notebook? — No, (we don't / you don't).

Q2 次の日本語の文に合うように、（　）内の語を並べかえ、＿＿ に書きましょう。ただし、文のはじめにくる語も小文字になっています。 (10点×3＝30点)

❶ あなたはかさがほしいですか。
(an / want / you / umbrella / do) ?
Do you want an umbrella ?

❷ あなたはベッドがほしいですか。 — いいえ、ほしくありません。
Do you want a bed? — (don't / no / , / I).
— **No, I don't** .

❸ あなたたちは消しゴムがほしいですか。 — はい、ほしいです。
Do you want erasers? — (yes / do / we / ,).
— **Yes, we do** .

Q3 次の日本語の文を英語の文にかえ、＿＿ に書きましょう。 (10点×3＝30点)

❶ あなたはカバンがほしいですか。
Do you want a bag?

❷ あなたは地図がほしいですか。 — いいえ、ほしくありません。
Do you want a map? — **No, I do not[don't].**

❸ あなたは新しい (new) スマートフォンがほしいですか。
Do you want a new smartphone?

セクション 36

36 彼らは新しいコンピューターがほしいですか。
Do they want a new computer?

/100点　答え ➡ 別冊 p.21　138

They want ～。「彼ら（彼女ら）は～がほしいです」という文を疑問文にするときには、Doを文のはじめに置き、文のおわりに？（クエスチョンマーク）を置いて作ります。答えるときには、「はい」であればYes, they do.を使います。「いいえ」であればNo, they do not[don't].を使います。

```
        主語   動詞      名詞
│ Do │ they │ want │ a new │ computer? │
（彼ら（彼女ら）は）（ほしい）  （コンピューター）
（彼ら（彼女ら）は新しいコンピューターがほしいですか。）

Yes, they do.（はい、ほしいです。）
No, they do not [don't].（いいえ、ほしくありません。）
```

身のまわりのもののワードリスト

computer (コンピューター)　shampoo (シャンプー)　towel (タオル)　bucket (バケツ)
T-shirt (Tシャツ)　soap (せっけん)　jacket (ジャケット)　wallet (財布)
bag (カバン)　socks (くつ下)　shoes (くつ)

色を表すワードリスト

blue (青の)　black (黒の)　red (赤の)　white (白の)　brown (茶色の)

Q1 次の日本語の文に合うように、（　）内から正しいほうを選び、○でかこみましょう。 (10点×4＝40点)

❶ 彼らは新しいシャンプーがほしいですか。 — はい、ほしいです。
(Do they want / Are they want) a new shampoo? — Yes, (they do / I do).

❷ 彼らはタオルがほしいですか。 — いいえ、ほしくありません。
(They want / Do they want) a towel? — No, (we do not / they do not).

❸ 彼らは大きなバケツがほしいですか。 — はい、ほしいです。
(They do want / Do they want) a large bucket? — Yes, (they are / they do).

❹ 彼らはよいTシャツがほしいですか。 — はい、ほしいです。
(Do they want / They want do) good T-shirts? — Yes, (are they / they do).

Q2 次の日本語の文に合うように、（　）内の語を並べかえ、＿＿ に書きましょう。ただし、文のはじめにくる語も小文字になっています。 (10点×3＝30点)

❶ 彼らはせっけんがほしいですか。 (they / do / want / any soap) ?
Do they want any soap ?

❷ 彼らは青のジャケットがほしいですか。 — はい、ほしいです。
Do they want a blue jacket? — (do / yes / they / ,).
Yes, they do .

❸ 彼らは黒の財布がほしいですか。
(do / want / they / a black wallet) ?
Do they want a black wallet ?

Q3 次の日本語の文を英語の文にかえ、＿＿ に書きましょう。 (10点×3＝30点)

❶ 彼らは赤のカバン (red bags) がほしいですか。
Do they want red bags?

❷ 彼らは白のくつ下 (white socks) がほしいですか。
Do they want white socks?

❸ 彼らは茶色のくつがほしいですか。 — いいえ、ほしくありません。
Do they want brown shoes? — **No, they do not[don't].**

21

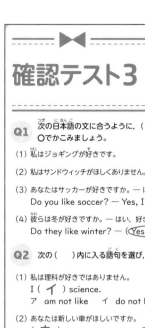

確認テスト3

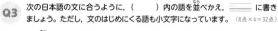

Q1 次の日本語の文に合うように、（　）内から正しいほうを選び、〇でかこみましょう。 (3点×4＝12点)

(1) 私はジョギングが好きです。　I (**like**/ don't like) jogging.

(2) 私はサンドウィッチがほしくありません。I (**don't want**/ want) a sandwich.

(3) あなたはサッカーが好きですか。— はい、好きです。
　　Do you like soccer? — Yes, I (**do**/ am).

(4) 彼らは冬が好きですか。— はい、好きです。
　　Do they like winter? — (**Yes, they do**/ No, they aren't.)

Q2 次の（　）内に入る語句を選び、記号で答えましょう。 (5点×4＝20点)

(1) 私は理科が好きではありません。
　　I (**イ**) science.
　　ア am not like　イ do not like　ウ not like

(2) あなたは新しい車がほしいですか。
　　(**ウ**) you want a new car?
　　ア Are　イ Is　ウ Do

(3) 彼らはバナナが好きですか。— いいえ、好きではありません。
　　Do they like bananas? — No, they (**イ**).
　　ア aren't　イ don't　ウ isn't

(4) あなたは料理が好きではありません。
　　You (**ア**) cooking.
　　ア don't like　イ aren't like　ウ like don't

Q3 次の日本語の文に合うように、（　）内の語を並べかえ、＿＿＿に書きましょう。ただし、文のはじめにくる語も小文字になっています。 (8点×4＝32点)

(1) 彼らは熱いお茶がほしいですか。
　　(want / they / hot tea / do)?
　　Do they want hot tea ?

(2) あなたたちはチューリップが好きですか。
　　(tulips / you / do / like)?
　　Do you like tulips ?

(3) 私はカメラがほしくありません。
　　(do / I / want / not / a camera).
　　I do not want a camera .

(4) あなたは音楽が好きですか。— いいえ、好きではありません。
　　Do you like music? — (I / don't / , / no).
　　— **No, I don't** .

Q4 次の日本語の文を英語の文にかえ、＿＿＿に書きましょう。 (12点×3＝36点)

(1) あなたはオレンジジュース（orange juice）がほしいですか。
　　Do you want orange juice?

(2) 私たちは算数（math）が好きではありません。
　　We do not[don't] like math.

(3) あなたたちは旅行（traveling）が好きですか。— いいえ、好きではありません。
　　Do you like traveling? — **No, we do not[don't].**

---

37 これは何ですか。
What is this?

whatは「何」という意味の単語で、疑問詞といいます。このwhatを文のはじめに置いて後ろに続く文を疑問文の語順にすると、「〜は何ですか」「〜は何をしますか」のような意味を表すことができます。「疑問文の語順」は「be動詞＋主語」と「do＋主語＋一般動詞」の2種類がありましたね。

疑問詞	be動詞	主語	
What	is	this?	（これは何ですか。）
（何）	（〜です）	（これ）	

疑問詞		主語	動詞	
What	do	you	eat	in the morning?
（何）		（あなたは）	（食べる）	（朝）

（あなたは朝、何を食べますか。）

一般動詞のワードリスト

eat（食べる）　　play（する、遊ぶ）　　study（勉強する）
think（思う、考える）　cook（料理する）　　have（持っている）
want（望む、ほしい）　practice（練習する）

Q1 次の日本語の文に合うように、（　）内から正しいほうを選び、〇でかこみましょう。 (10点×4＝40点)

❶ これは何ですか。 What (**is this**/ this is)?

❷ あれは何ですか。 What (that is /**is that**)?

❸ あなたは放課後、何をしますか。
　　What (**do you do**/ you do) after school?

❹ あなたはその授業で何を勉強しますか。
　　What (you study /**do you study**) in the class?

Q2 次の日本語の文に合うように、（　）内の語を並べかえ、＿＿＿に書きましょう。ただし、文のはじめにくる語も小文字になっています。 (10点×3＝30点)

❶ あなたはどう思いますか。
　　What (you / do / think)?
　　What **do you think** ?

❷ あなたは何を料理しますか。
　　What (do / cook / you)?
　　What **do you cook** ?

❸ あなたはバッグの中に何を持っていますか。
　　(what / have / do / you) in your bag?
　　What do you have in your bag?

Q3 次の日本語の文を英語の文にかえ、＿＿＿に書きましょう。 (10点×3＝30点)

❶ あなたは何がほしいですか。
　　What do you want?

❷ あなたは放課後（after school）、何を練習しますか。
　　What do you practice after school?

❸ あなたは手の中に（in your hand）何を持っていますか。
　　What do you have in your hand?

ポイント▶ 曜日や日付をたずねる

What day is it today?（今日は何曜日ですか。）←曜日をたずねる
What is the date today?（今日は何月何日ですか。）←日付をたずねる

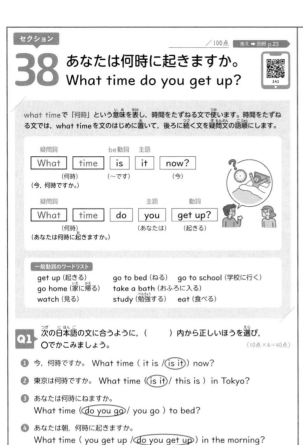

セクション 38 あなたは何時に起きますか。 What time do you get up?

／100点　答え➡別冊 p.23

what timeで「何時」という意味を表し、時間をたずねる文で使います。時間をたずねる文では、what timeを文のはじめに置いて、後ろに続く文を疑問文の語順にします。

疑問詞		be動詞	主語	
What	time	is	it	now?
(何時)		(〜です)		(今)

(今, 何時ですか。)

疑問詞		主語	動詞
What	time	do	you	get up?
(何時)		(あなたは)	(起きる)

(あなたは何時に起きますか。)

一般動詞のワードリスト
get up (起きる)　　go to bed (ねる)　go to school (学校に行く)
go home (家に帰る)　take a bath (おふろに入る)
watch (見る)　　study (勉強する)　　eat (食べる)

Q1 次の日本語の文に合うように、(　　) 内から正しいほうを選び、〇でかこみましょう。 (10点×4＝40点)

❶ 今, 何ですか。 What time (it is /(is it)) now?

❷ 東京は何時ですか。 What time ((is it)/ this is) in Tokyo?

❸ あなたは何時にねますか。
What time ((do you go)/ you go) to bed?

❹ あなたは朝, 何時に起きますか。
What time (you get up /(do you get up)) in the morning?

Q2 次の日本語の文に合うように、(　　) 内の語を並べかえ、＝＝＝ に書きましょう。ただし、文のはじめにくる語も小文字になっています。 (10点×3＝30点)

❶ あなたは何時に学校に行きますか。
(do / what / time / you / go to school)?
<u>What time do you go to school</u> ?

❷ あなたは何時に家に帰りますか。 (time / do / go home / what / you)?
<u>What time do you go home</u> ?

❸ あなたは毎日, 何時におふろに入りますか。
(time / what / you / take a bath / do) every day?
<u>What time do you take a bath</u> every day?

Q3 次の日本語の文を英語の文にかえ、＝＝＝ に書きましょう。 (10点×3＝30点)

❶ あなたは何時にテレビ (TV) を見ますか。
<u>What time do you watch TV?</u>

❷ あなたは何時に英語 (English) を勉強しますか。
<u>What time do you study English?</u>

❸ あなたは毎日 (every day), 何時に夕食 (dinner) を食べますか。
<u>What time do you eat dinner every day?</u>

ポイント▶ 時間を表す文
What time is it (now)?「(今) 何時ですか。」という質問には、「It is ＋時刻 (＋now).」のように答えます。例えば5時であれば、It is five (now).と答えます。7時20分であればIt is seven twenty (now).のように「時間・分」の順で答えます。

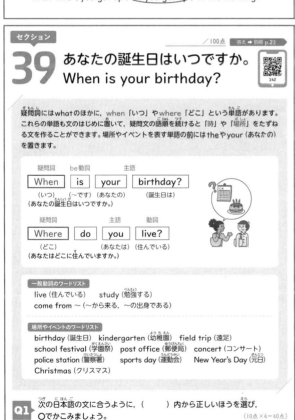

セクション 39 あなたの誕生日はいつですか。 When is your birthday?

／100点　答え➡別冊 p.23

疑問詞にはwhatのほかに、when「いつ」やwhere「どこ」という単語があります。これらの単語も文のはじめに置いて、疑問文の語順を続けると「時」や「場所」をたずねる文を作ることができます。場所やイベントを表す単語の前にはtheやyour (あなたの) を置きます。

疑問詞	be動詞	主語	
When	is	your	birthday?
(いつ)	(〜です)	(あなたの)	(誕生日は)

(あなたの誕生日はいつですか。)

疑問詞		主語	動詞
Where	do	you	live?
(どこ)		(あなたは)	(住んでいる)

(あなたはどこに住んでいますか。)

一般動詞のワードリスト
live (住んでいる)　　study (勉強する)
come from 〜 (〜から来る、〜の出身である)

場所やイベントのワードリスト
birthday (誕生日)　kindergarten (幼稚園)　field trip (遠足)
school festival (学園祭)　post office (郵便局)　concert (コンサート)
police station (警察署)　sports day (運動会)　New Year's Day (元日)
Christmas (クリスマス)

Q1 次の日本語の文に合うように、(　　) 内から正しいほうを選び、〇でかこみましょう。 (10点×4＝40点)

❶ 幼稚園はどこですか。 ((Where)/ When) is the kindergarten?

❷ 遠足はいつですか。 ((When)/ Where) is the field trip?

❸ あなたはふつうどこで勉強しますか。
Where ((do you usually study)/ you usually study)?

❹ 学園祭はいつですか。
When ((is the school festival)/ the school festival is)?

Q2 次の日本語の文に合うように、(　　) 内の語を並べかえ、＝＝＝ に書きましょう。ただし、文のはじめにくる語も小文字になっています。 (10点×3＝30点)

❶ 郵便局はどこですか。 (where / the post office / is)?
<u>Where is the post office</u> ?

❷ コンサートはいつですか。 (is / when / the concert)?
<u>When is the concert</u> ?

❸ あなたはどこの出身ですか。 (do / where / come from / you)?
<u>Where do you come from</u> ?

Q3 次の日本語の文を英語の文にかえ、＝＝＝ に書きましょう。 (10点×3＝30点)

❶ 警察署 (the police station) はどこですか。
<u>Where is the police station?</u>

❷ 運動会 (the sports day) はいつですか。
<u>When is the sports day?</u>

❸ 彼らはどこに住んでいますか。
<u>Where do they live?</u>

23

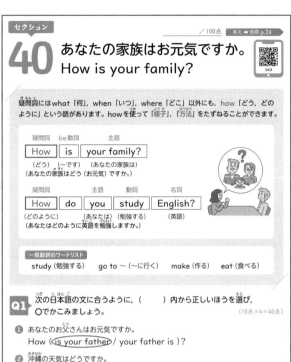

セクション 40　あなたの家族はお元気ですか。 How is your family?

/100点　答え → 別冊 p.24

疑問詞には what「何」, when「いつ」, where「どこ」以外にも, how「どう, どのように」という語があります。how を使って「様子」,「方法」をたずねることができます。

疑問詞	be動詞	主語
How	is	your family?

（どう）（～です）（あなたの家族は）
（あなたの家族はどう（お元気）ですか。）

疑問詞	主語	動詞	名詞
How	do	you	study	English?

（どのように）（あなたは）（勉強する）（英語）
（あなたはどのように英語を勉強しますか。）

一般動詞のワードリスト
study（勉強する）　go to ～（～に行く）　make（作る）　eat（食べる）

Q1 次の日本語の文に合うように, （ ）内から正しいほうを選び, ○でかこみましょう。 （10点×4＝40点）

❶ あなたのお父さんはお元気ですか。
How (**is your father** / your father is)?

❷ 沖縄の天気はどうですか。
How (the weather is / **is the weather**) in Okinawa?

❸ あなたは駅までどのように行きますか。
How (you go / **do you go**) to the station?

❹ あなたはどのようにそのケーキを作りますか。
How (are you make / **do you make**) the cake?

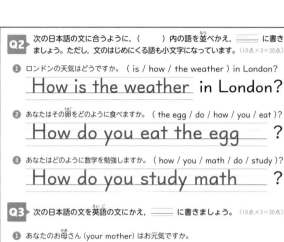

Q2 次の日本語の文に合うように, （ ）内の語を並べかえ, ＿＿＿ に書きましょう。ただし, 文のはじめにくる語も小文字になっています。 （10点×3＝30点）

❶ ロンドンの天気はどうですか。 (is / how / the weather) in London?
How is the weather in London?

❷ あなたはその卵をどのように食べますか。 (the egg / do / how / you / eat)?
How do you eat the egg ?

❸ あなたはどのように数学を勉強しますか。 (how / you / math / do / study)?
How do you study math ?

Q3 次の日本語の文を英語の文にかえ, ＿＿＿ に書きましょう。 （10点×3＝30点）

❶ あなたのお母さん (your mother) はお元気ですか。
How is your mother?

❷ あなたのお姉さん (sister) はお元気ですか。
How is your sister?

❸ あなたはどのようにバス停 (the bus stop) に行きますか。
How do you go to the bus stop?

> **ポイント 天気を表す文**
> How is the weather?「天気はどうですか。」という疑問文に答えるときには, It is sunny.「晴れています。」のように It を使って答えるのが一般的です。sunny は「晴れた」という意味です。ほかに, cloudy「くもっている」, rainy「雨が降っている」, windy「風が強い」, stormy「嵐だ」なども使えます。

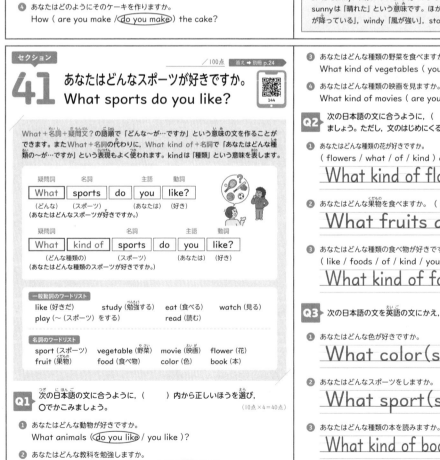

セクション 41　あなたはどんなスポーツが好きですか。 What sports do you like?

/100点　答え → 別冊 p.24

What ＋名詞＋疑問文？の語順で「どんな～が…ですか」という意味の文を作ることができます。また What ＋名詞の代わりに, What kind of ＋名詞で「あなたはどんな種類の～が…ですか」という表現もよく使われます。kind は「種類」という意味を表します。

疑問詞	名詞	主語	動詞
What	sports	do	you	like?

（どんな）（スポーツ）（あなたは）（好き）
（あなたはどんなスポーツが好きですか。）

疑問詞	名詞	主語	動詞
What	kind of	sports	do	you	like?

（どんな種類の）（スポーツ）（あなたは）（好き）
（あなたはどんな種類のスポーツが好きですか。）

一般動詞のワードリスト
like（好きだ）　study（勉強する）　eat（食べる）　watch（見る）
play（～（スポーツ）をする）　read（読む）

名詞のワードリスト
sport（スポーツ）　vegetable（野菜）　movie（映画）　flower（花）
fruit（果物）　food（食べ物）　color（色）　book（本）

Q1 次の日本語の文に合うように, （ ）内から正しいほうを選び, ○でかこみましょう。 （10点×4＝40点）

❶ あなたはどんな動物が好きですか。
What animals (**do you like** / you like)?

❷ あなたはどんな教科を勉強しますか。
What subjects (are you study / **do you study**)?

❸ あなたはどんな種類の野菜を食べますか。
What kind of vegetables (you eat / **do you eat**)?

❹ あなたはどんな種類の映画を見ますか。
What kind of movies (are you watch / **do you watch**)?

Q2 次の日本語の文に合うように, （ ）内の語を並べかえ, ＿＿＿ に書きましょう。ただし, 文のはじめにくる語も小文字になっています。 （10点×3＝30点）

❶ あなたはどんな種類の花が好きですか。
(flowers / what / of / kind) do you like?
What kind of flowers do you like?

❷ あなたはどんな果物を食べますか。 (you / do / what fruits / eat)?
What fruits do you eat ?

❸ あなたはどんな種類の食べ物が好きですか。
(like / foods / of / kind / you / do / what)?
What kind of foods do you like ?

Q3 次の日本語の文を英語の文にかえ, ＿＿＿ に書きましょう。 （10点×3＝30点）

❶ あなたはどんな色が好きですか。
What color(s) do you like?

❷ あなたはどんなスポーツをしますか。
What sport(s) do you play?

❸ あなたはどんな種類の本を読みますか。
What kind of book(s) do you read?

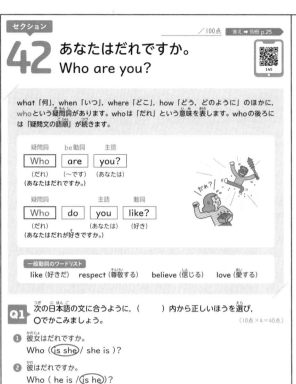

42 あなたはだれですか。
Who are you?

／100点　答え ➡ 別冊 p.25

145

what「何」, when「いつ」, where「どこ」, how「どう, どのように」のほかに, whoという疑問詞があります。whoは「だれ」という意味を表します。whoの後ろには「疑問文の語順」が続きます。

疑問詞	be動詞	主語
Who	are	you?
(だれ)	(〜です)	(あなたは)

（あなたはだれですか。）

疑問詞		主語	動詞
Who	do	you	like?
(だれ)		(あなたは)	(好き)

（あなたはだれが好きですか。）

一般動詞のワードリスト
like（好きだ）　respect（尊敬する）　believe（信じる）　love（愛する）

Q1 次の日本語の文に合うように,（　）内から正しいほうを選び, ○でかこみましょう。 (10点×4＝40点)

❶ 彼女はだれですか。
Who (is she / she is)?

❷ 彼はだれですか。
Who (he is / is he)?

❸ あなたたちはだれが好きですか。
Who (do you like / you like)?

❹ あなたはだれを尊敬していますか。
Who (you respect / do you respect)?

Q2 次の日本語の文に合うように,（　）内の語を並べかえ, ＿＿＿ に書きましょう。ただし, 文のはじめにくる語も小文字になっています。(10点×3＝30点)

❶ 写真の中の彼らはだれですか。(are / who / they) in the picture?
Who are they in the picture?

❷ その男性はだれですか。(the man / is / who)?
Who is the man ?

❸ あなたはだれを信じますか。(do / believe / you / who)?
Who do you believe ?

Q3 次の日本語の文を英語の文にかえ, ＿＿＿ に書きましょう。(10点×3＝30点)

❶ その女性 (the woman) はだれですか。
Who is the woman?

❷ 彼らはだれですか。
Who are they?

❸ あなたはだれを愛していますか。
Who do you love?

ポイント▶ Who 〜?（だれ〜?）の文に対する答え方

Who is the woman?「その女性はだれですか。」という疑問文には, She is 〜.「彼女は〜です。」と答えます。the woman のかわりに the man「その男性」が使われている場合は He is 〜.「彼は〜です」と答えましょう。
Who is the woman?（その女性はだれですか。）
— She is my mother.（彼女は私のお母さんです。）

43 あなたは何人の友達がいますか。
How many friends do you have?

／100点　答え ➡ 別冊 p.25

146

how many 〜 は「いくつの〜」という意味で,「数」をたずねるときに使います。how many に続く名詞には複数を表す s がつきます。また how much 〜は「いくら」という意味で,「値段」をたずねるときに使います。この how many, how much を文のはじめに置いた疑問文を練習していきましょう。

	名詞		主語	動詞
How many	friends	do	you	have?
(何人の)	(友達)		(あなたは)	(持っている)

（あなたは何人の友達がいますか。）

	be動詞	主語
How much	is	this?
(いくら)	(〜です)	(これは)

（これはいくらですか。）

名詞のワードリスト
friend（友達）　brother（兄弟）　sister（姉妹）　T-shirt（Tシャツ）
book（本）　movie（映画）　flower（花）　pet（ペット）

Q1 次の日本語の文に合うように,（　）内から正しいほうを選び, ○でかこみましょう。 (10点×4＝40点)

❶ これはいくらですか。(How much / How many) is this?

❷ あなたには何人の兄弟がいますか。
(How much brothers / How many brothers) do you have?

❸ あなたには何人の姉妹がいますか。
(How many sisters / How much sisters) do you have?

❹ その T シャツはいくらですか。
(How much is / How much do) the T-shirt?

Q2 次の日本語の文に合うように,（　）内の語を並べかえ, ＿＿＿ に書きましょう。ただし, 文のはじめにくる語も小文字になっています。(10点×3＝30点)

❶ あなたは1週間に何冊の本を読みますか。
(how many / do / books / you / read) in a week?
How many books do you read in a week?

❷ あなたは1年間にいくつの映画を見ますか。
(watch / movies / how many / do / you) in a year?
How many movies do you watch in a year?

❸ あなたはポケットにいくら持っていますか。
(do / how much / have / you) in your pocket?
How much do you have in your pocket?

Q3 次の日本語の文を英語の文にかえ, ＿＿＿ に書きましょう。(10点×3＝30点)

❶ その本はいくらですか。
How much is the book?

❷ あなたはいくつの花を知って (know) いますか。
How many flowers do you know?

❸ あなたは何びきのペットを飼って (have) いますか。
How many pets do you have?

ポイント▶ 大きな数字の表し方

「100」は one hundred や a hundred といいます。「200」は two hundred,「300」は three hundred のように表します。

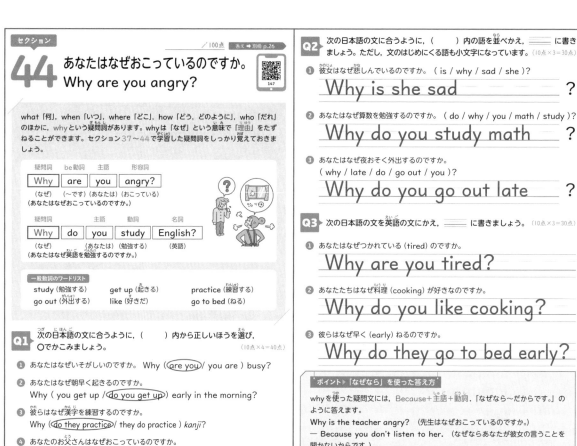

44 あなたはなぜおこっているのですか。
Why are you angry?

/100点　答え→別冊 p.26

147

what「何」, when「いつ」, where「どこ」, how「どう, どのように」, who「だれ」のほかに, whyという疑問詞があります。whyは「なぜ」という意味で「理由」をたずねることができます。セクション37～44で学習した疑問詞をしっかり覚えておきましょう。

疑問詞	be動詞	主語	形容詞
Why	are	you	angry?
(なぜ)	(～です)	(あなたは)	(おこっている)

(あなたはなぜおこっているのですか。)

疑問詞		主語	動詞	名詞
Why	do	you	study	English?
(なぜ)		(あなたは)	(勉強する)	(英語)

(あなたはなぜ英語を勉強するのですか。)

一般動詞のワードリスト
study (勉強する)　　get up (起きる)　　practice (練習する)
go out (外出する)　　like (好きだ)　　go to bed (ねる)

Q1 次の日本語の文に合うように, ( ) 内から正しいほうを選び, ○でかこみましょう。 (10点×4＝40点)

❶ あなたはなぜいそがしいのですか。 Why (are you / you are) busy?

❷ あなたはなぜ朝早く起きるのですか。
Why (you get up / do you get up) early in the morning?

❸ 彼らはなぜ漢字を練習するのですか。
Why (do they practice / they do practice) kanji?

❹ あなたのお父さんはなぜおこっているのですか。
Why (is your father / do your father) angry?

Q2 次の日本語の文に合うように, ( ) 内の語を並べかえ, ___ に書きましょう。ただし, 文のはじめにくる語も小文字になっています。(10点×3＝30点)

❶ 彼女はなぜ悲しんでいるのですか。 (is / why / sad / she)?
__Why is she sad__ ?

❷ あなたはなぜ算数を勉強するのですか。 (do / why / you / math / study)?
__Why do you study math__ ?

❸ あなたはなぜ夜おそく外出するのですか。
(why / late / do / go out / you)?
__Why do you go out late__ ?

Q3 次の日本語の文を英語の文にかえ, ___ に書きましょう。 (10点×3＝30点)

❶ あなたはなぜつかれている (tired) のですか。
__Why are you tired?__

❷ あなたたちはなぜ料理 (cooking) が好きなのですか。
__Why do you like cooking?__

❸ 彼らはなぜ早く (early) ねるのですか。
__Why do they go to bed early?__

ポイント▶「なぜなら」を使った答え方
whyを使った疑問文には, Because＋主語＋動詞.「なぜなら～だからです。」のように答えます。
Why is the teacher angry? (先生はなぜおこっているのですか。)
― Because you don't listen to her. (なぜならあなたが彼女の言うことを聞かないからです。)

確認テスト4

出題はんい 37～44　答え→別冊 p.26

/100点

148

Q1 次の日本語の文に合うように, ( ) 内から正しいほうを選び, ○でかこみましょう。 (3点×4＝12点)

(1) あなたの名前は何ですか。 (What / How) is your name?

(2) これはいくらですか。 (How many / How much) is this?

(3) あなたは何時に起きますか。 (What time / Where) do you get up?

(4) その男性はだれですか。 (Where / Who) is the man?

Q2 次の ( ) 内に入る語句を選び, 記号で答えましょう。 (4点×5＝20点)

(1) あなたはどこで英語を勉強しますか。
(ア) you study English?
ア Where do　イ Where

(2) 今, 何時ですか。
What time (イ) now?
ア it is　イ is it

(3) あなたは何人の兄弟がいますか。
How many brothers (ア)?
ア do you have　イ you have

(4) ごきげんいかがですか。
How (イ)?
ア you are　イ are you

(5) 運動会はいつですか。
(ア) is the sports day?
ア When　イ Who

Q3 次の日本語の文に合うように, ( ) 内の語を並べかえ, ___ に書きましょう。ただし, 文のはじめにくる語も小文字になっています。 (8点×3＝24点)

(1) あなたは何台のコンピューターを持っていますか。
(many / how / have / computers / you / do)?
__How many computers do you have__ ?

(2) あなたは毎日, 何時にねますか。
(do / go / you / to bed / what time) every day?
__What time do you go to bed__ every day?

(3) 彼はだれですか。
(he / is / who)?
__Who is he__ ?

Q4 次の日本語の文を英語の文にかえ, ___ に書きましょう。 (11点×4＝44点)

(1) 東京の (in Tokyo) 天気 (the weather) はどうですか。
__How is the weather in Tokyo?__

(2) 彼らはなぜいそがしい (busy) のですか。
__Why are they busy?__

(3) あなたの誕生日 (your birthday) はいつですか。
__When is your birthday?__

(4) その自転車 (the bike) はいくらですか。
__How much is the bike?__

45 私は上手にピアノを演奏することができます。
I can play the piano well.

/100点　答え ➡ 別冊 p.27

canは「～することができる」という意味の単語で動詞の前に置いて，can＋動詞のもとの形（原形）で使います。文のおわりにwell「上手に」やfast「速く」のような単語を置いて使うこともあります。

主語	動詞		名詞	
I	can	play	the piano	well.

(私は) (〜することができる) (演奏する) (ピアノ) (上手に)
(私は上手にピアノを演奏することができます。)

一般動詞のワードリスト

play (〜 (スポーツ) をする / 〜 (楽器) を演奏する)　run (走る)
speak (話す)　　　sing (歌う)　　　swim (泳ぐ)
ride (乗る)　　　bake (焼く)　　　jump rope (縄とびをする)
cook (料理する)　dance (おどる)

Q1 次の日本語の文に合うように，( ) 内から正しいほうを選び，〇でかこみましょう。　(10点×4＝40点)

❶ 彼女は速く走ることができます。 She (run can /(can run)) fast.

❷ 彼は英語を話すことができます。
He ((can speak)/ speak can) English.

❸ 私はソフトボールをすることができます。
I ((can play)/ play can) softball.

❹ 私のお母さんは上手に泳ぐことができます。
My mother ((can swim)/ is can swim) well.

Q2 次の日本語の文に合うように，( ) 内の語を並べかえ，＿＿ に書きましょう。ただし，文のはじめにくる語も小文字になっています。(10点×3＝30点)

❶ 私は一輪車に乗ることができます。 (can / ride / a unicycle / I).
__I can ride a unicycle__ .

❷ 私の姉 [妹] は縄とびをすることができます。 (jump rope / my sister / can).
__My sister can jump rope__ .

❸ あなたは上手にギターを演奏することができます。
(the guitar / you / play / can) well.
__You can play the guitar__ well.

Q3 次の日本語の文を英語の文にかえ，＿＿ に書きましょう。 (10点×3＝30点)

❶ 彼らは上手にサッカー (soccer) をすることができます。
__They can play soccer well.__

❷ 彼は上手に魚 (fish) を料理することができます。
__He can cook fish well.__

❸ 彼女はスペイン語 (Spanish) を話すことができます。
__She can speak Spanish.__

> **ポイント can beの文**
> can「〜できる」という表現はbe動詞と一緒に使うこともあります。その場合，主語＋can be〜で「〜になることができます」という意味になります。
> You can be happy. (あなたは幸せになることができます。)

---

46 彼らは日本語を話すことができません。
They can't speak Japanese.

/100点　答え ➡ 別冊 p.27

canを使った文を「～することができません」という意味の否定文にするときには，can'tを使います。このcan'tはcannotと書くこともできますが，can notのようにcanとnotをはなして書かないように気をつけましょう。

主語	動詞		名詞
They	can	speak	Japanese.

(彼らは) (〜することができる) (話す) (日本語)
(彼らは日本語を話すことができます。)

主語	動詞		名詞
They	can't	speak	Japanese.

(彼らは) (〜することができない) (話す) (日本語)
(彼らは日本語を話すことができません。)

一般動詞のワードリスト

speak (話す)　　　eat (食べる)　　　run (走る)
swim (泳ぐ)　　　fly (飛ぶ)　　　write (書く)
forget (忘れる)　believe (信じる)　remember (覚える)

Q1 次の日本語の文に合うように，( ) 内から正しいほうを選び，〇でかこみましょう。　(10点×3＝30点)

❶ 私は何も食べることができません。
I ((can't eat)/ can eat) anything.

❷ その動物は速く走ることができません。
The animal (not can run /(cannot run)) fast.

❸ 彼は上手に泳ぐことができません。
He ((can't swim)/ not can swim) well.

Q2 次の日本語の文に合うように，( ) 内の語を並べかえ，＿＿ に書きましょう。ただし，文のはじめにくる語も小文字になっています。(10点×3＝30点)

❶ その鳥は飛ぶことができません。
The bird (fly / cannot).
The bird __cannot fly__ .

❷ その女の子は英語を話すことができません。
(English / the girl / can't / speak).
__The girl can't speak English__ .

❸ 彼らは漢字を書くことができません。
(cannot / write / they) kanji.
__They cannot write__ kanji.

Q3 次の日本語の文を英語の文にかえ，＿＿ に書きましょう。 (10点×4＝40点)

❶ 私たちは，あなたの家族 (your family) を忘れることができません。
__We can't[cannot] forget your family.__

❷ 私はその話 (the story) を信じることができません。
__I can't[cannot] believe the story.__

❸ 私はその言葉 (the words) を覚えることができません。
__I can't[cannot] remember the words.__

❹ 彼らは上手に (well) 日本語 (Japanese) を話すことができません。
__They can't[cannot] speak Japanese well.__

27

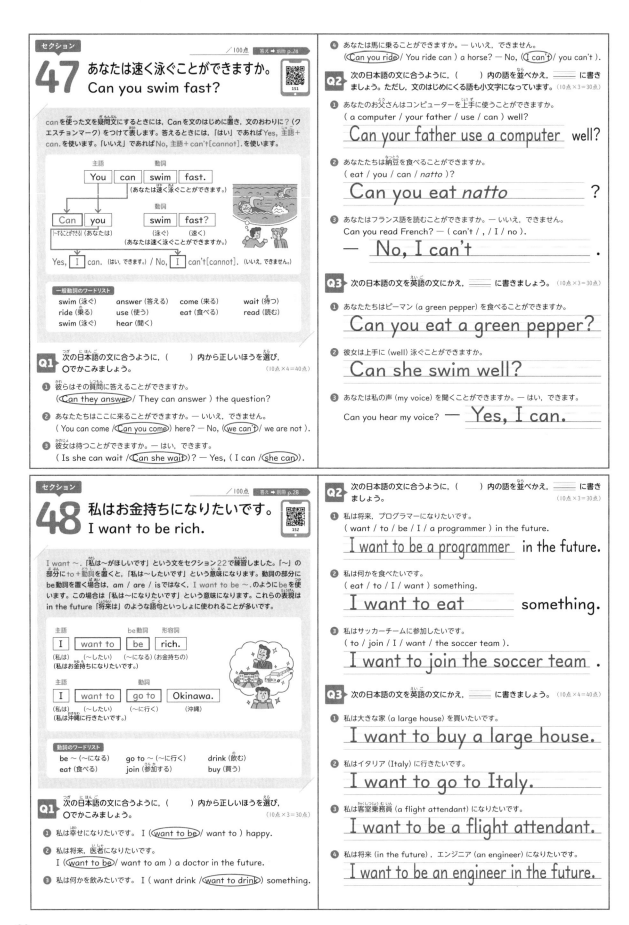

あなたは速く泳ぐことができますか。
Can you swim fast?

／100点　答え ➡ 別冊 p.28

canを使った文を疑問文にするときには、Canを文のはじめに置き、文のおわりに？（クエスチョンマーク）をつけて表します。答えるときには、「はい」であればYes, 主語＋can.を使います。「いいえ」であればNo, 主語＋can't[cannot].を使います。

主語　　動詞
| You | can | swim | fast. |

（あなたは速く泳ぐことができます。）

動詞
| Can | you | swim | fast? |

（～することができる）（あなたは）（泳ぐ）（速く）
（あなたは速く泳ぐことができますか。）

Yes, I can. （はい、できます。） / No, I can't[cannot]. （いいえ、できません。）

一般動詞のワードリスト
swim（泳ぐ）　　answer（答える）　　come（来る）　　wait（待つ）
ride（乗る）　　use（使う）　　eat（食べる）　　read（読む）
swim（泳ぐ）　　hear（聞く）

Q1 次の日本語の文に合うように、（　）内から正しいほうを選び、○でかこみましょう。 （10点×4＝40点）

❶ 彼らはその質問に答えることができますか。
（Can they answer / They can answer）the question?

❷ あなたたちはここに来ることができますか。— いいえ、できません。
（You can come / Can you come）here? — No, （we can't / we are not）.

❸ 彼女は待つことができますか。— はい、できます。
（Is she can wait / Can she wait）? — Yes, （I can / she can）.

❹ あなたは馬に乗ることができますか。— いいえ、できません。
（Can you ride / You ride can）a horse? — No, （I can't / you can't）.

Q2 次の日本語の文に合うように、（　）内の語を並べかえ、＿＿＿ に書きましょう。ただし、文のはじめにくる語も小文字になっています。 （10点×3＝30点）

❶ あなたのお父さんはコンピューターを上手に使うことができますか。
（a computer / your father / use / can）well?
Can your father use a computer well?

❷ あなたたちは納豆を食べることができますか。
（eat / you / can / natto）?
Can you eat natto ?

❸ あなたはフランス語を読むことができますか。— いいえ、できません。
Can you read French? — （can't / , / I / no）.
— **No, I can't** .

Q3 次の日本語の文を英語の文にかえ、＿＿＿ に書きましょう。 （10点×3＝30点）

❶ あなたたちはピーマン（a green pepper）を食べることができますか。
Can you eat a green pepper?

❷ 彼女は上手に（well）泳ぐことができますか。
Can she swim well?

❸ あなたは私の声（my voice）を聞くことができますか。— はい、できます。
Can you hear my voice? — **Yes, I can.**

私はお金持ちになりたいです。
I want to be rich.

／100点　答え ➡ 別冊 p.28

I want ～. 「私は～がほしいです」という文をセクション22で練習しました。「～」の部分にto＋動詞を置くと、「私は～したいです」という意味になります。動詞の部分にbe動詞を置く場合は、am / are / isではなく、I want to be ～.のようにbeを使います。この場合は「私は～になりたいです」という意味になります。これらの表現はin the future「将来は」のような語句といっしょに使われることが多いです。

主語　　be動詞　形容詞
| I | want to | be | rich. |

（私は）（～したい）（～になる）（お金持ちの）
（私はお金持ちになりたいです。）

主語　　　　　動詞
| I | want to | go to | Okinawa. |

（私は）（～したい）（～に行く）（沖縄）
（私は沖縄に行きたいです。）

動詞のワードリスト
be ～（～になる）　　go to ～（～に行く）　　drink（飲む）
eat（食べる）　　join（参加する）　　buy（買う）

Q1 次の日本語の文に合うように、（　）内から正しいほうを選び、○でかこみましょう。 （10点×3＝30点）

❶ 私は幸せになりたいです。 I （want to be / want to）happy.

❷ 私は将来、医者になりたいです。
I （want to be / want to am）a doctor in the future.

❸ 私は何かを飲みたいです。 I （want drink / want to drink）something.

Q2 次の日本語の文に合うように、（　）内の語を並べかえ、＿＿＿ に書きましょう。 （10点×3＝30点）

❶ 私は将来、プログラマーになりたいです。
（want / to / be / I / a programmer）in the future.
I want to be a programmer in the future.

❷ 私は何かを食べたいです。
（eat / to / I / want）something.
I want to eat something.

❸ 私はサッカーチームに参加したいです。
（to / join / I / want / the soccer team）.
I want to join the soccer team .

Q3 次の日本語の文を英語の文にかえ、＿＿＿ に書きましょう。 （10点×4＝40点）

❶ 私は大きな家（a large house）を買いたいです。
I want to buy a large house.

❷ 私はイタリア（Italy）に行きたいです。
I want to go to Italy.

❸ 私は客室乗務員（a flight attendant）になりたいです。
I want to be a flight attendant.

❹ 私は将来（in the future）、エンジニア（an engineer）になりたいです。
I want to be an engineer in the future.

セクション 49

私は日曜日に早く起きたくありません。
I don't want to get up early on Sundays.

／100点　答え ➡ 別冊 p.29

153

I want to ＋動詞．の文を「私は〜をしたくありません」という意味の否定文にするときには，want の前に do not や短縮した形の don't を置いて表します。

主語	動詞		副詞	
I	don't want to	get up	early	on Sundays.
（私は）	（〜したくない）	（起きる）	（早く）	（日曜日に）

（私は日曜日に早く起きたくありません。）

主語	be動詞		
I	don't want to	be	a doctor.
（私は）	（〜したくない）	（〜になる）	（医者）

（私は医者になりたくありません。）

動詞のワードリスト

get up（起きる）　　be（〜になる）　　know（知る）
eat（食べる）　　live（住む）　　go to school（学校に行く）
cry（泣く）　　go to bed（ねる）

Q1 次の日本語の文に合うように，（　　）内から正しいほうを選び，○でかこみましょう。 （10点×3＝30点）

❶ 私は医者になりたくありません。
I (◯do not want to be / do not want be) a doctor.

❷ 私はお笑い芸人になりたくありません。
I (don't want to /◯don't want to be) a comedian.

❸ 私は何も知りたくありません。
I (◯don't want to know / don't want know) anything.

Q2 次の日本語の文に合うように，（　　）内の語を並べかえ，＿＿＿ に書きましょう。 （10点×3＝30点）

❶ 私は何も食べたくありません。
(eat / don't / I / want / to) anything.
I don't want to eat anything.

❷ 私は外国に住みたくありません。
(to / I / don't / want / live) in a foreign country.
I don't want to live in a foreign country.

❸ 私は，今日は学校に行きたくありません。
(do / I / want / go to school / to / not) today.
I do not want to go to school today.

Q3 次の日本語の文を英語の文にかえ，＿＿＿ に書きましょう。 （10点×4＝40点）

❶ 私は俳優（an actor）になりたくありません。
I do not[don't] want to be an actor.

❷ 私は泣きたくありません。
I do not[don't] want to cry.

❸ 私はねたくありません。
I do not[don't] want to go to bed.

❹ 私は早く（early）起きたくありません。
I do not[don't] want to get up early.

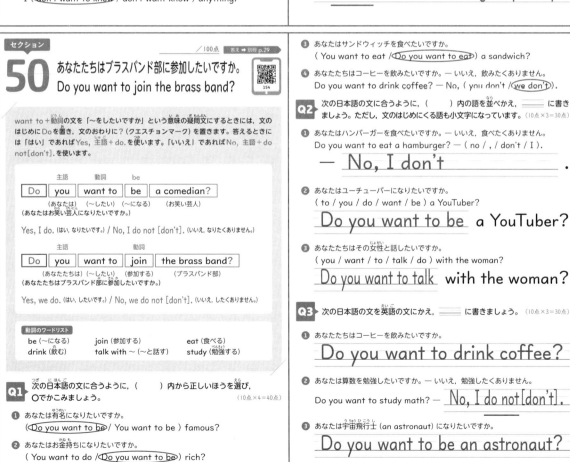

セクション 50

あなたたちはブラスバンド部に参加したいですか。
Do you want to join the brass band?

／100点　答え ➡ 別冊 p.29

154

want to ＋動詞の文を「〜をしたいですか」という意味の疑問文にするときには，文のはじめに Do を置き，文のおわりに？（クエスチョンマーク）を置きます。答えるときには「はい」であれば Yes, 主語＋do. を使います。「いいえ」であれば No, 主語＋do not[don't]. を使います。

主語	動詞	be	
Do	you	want to	be	a comedian?
	（あなたは）	（〜したい）	（〜になる）	（お笑い芸人）

（あなたはお笑い芸人になりたいですか。）

Yes, I do.（はい，なりたいです。）/ No, I do not [don't].（いいえ，なりたくありません。）

主語	動詞		
Do	you	want to	join	the brass band?
	（あなたたちは）	（〜したい）	（参加する）	（ブラスバンド部）

（あなたたちはブラスバンド部に参加したいですか。）

Yes, we do.（はい，したいです。）/ No, we do not [don't].（いいえ，したくありません。）

動詞のワードリスト

be（〜になる）　　join（参加する）　　eat（食べる）
drink（飲む）　　talk with 〜（〜と話す）　　study（勉強する）

Q1 次の日本語の文に合うように，（　　）内から正しいほうを選び，○でかこみましょう。 （10点×4＝40点）

❶ あなたは有名になりたいですか。
(◯Do you want to be / You want to be) famous?

❷ あなたはお金持ちになりたいですか。
(You want to do /◯Do you want to be) rich?

❸ あなたはサンドウィッチを食べたいですか。
(You want to eat /◯Do you want to eat) a sandwich?

❹ あなたたちはコーヒーを飲みたいですか。― いいえ，飲みたくありません。
Do you want to drink coffee? ― No, (you don't /◯we don't).

Q2 次の日本語の文に合うように，（　　）内の語を並べかえ，＿＿＿ に書きましょう。ただし，文のはじめにくる語も小文字になっています。 （10点×3＝30点）

❶ あなたはハンバーガーを食べたいですか。― いいえ，食べたくありません。
Do you want to eat a hamburger? ― (no / , / don't / I).
― **No, I don't** .

❷ あなたはユーチューバーになりたいですか。
(to / you / do / want / be) a YouTuber?
Do you want to be a YouTuber?

❸ あなたたちはその女性と話したいですか。
(you / want / to / talk / do) with the woman?
Do you want to talk with the woman?

Q3 次の日本語の文を英語の文にかえ，＿＿＿ に書きましょう。 （10点×3＝30点）

❶ あなたたちはコーヒーを飲みたいですか。
Do you want to drink coffee?

❷ あなたは算数を勉強したいですか。― いいえ，勉強したくありません。
Do you want to study math? ― **No, I do not[don't].**

❸ あなたは宇宙飛行士（an astronaut）になりたいですか。
Do you want to be an astronaut?

確認テスト5

出題はんい セクション 45 ～ セクション 50 /100点

答え ➡ 別冊 p.30

155

Q1 次の日本語の文に合うように,（　　）内から正しいほうを選び,〇でかこみましょう。 (4点×5＝20点)

(1) 私は上手にテニスをすることができません。
I (can play /(can't play)) tennis well.

(2) 私たちは買い物に行きたいです。 We (want go /(want to go)) shopping.

(3) 私は医者になりたいです。　　I ((want to be)/ want be) a doctor.

(4) 彼はギターを演奏することができません。
He (can play /(can't play)) the guitar.

(5) 私たちは何かを食べたいです。
We ((want to eat)/ want eat) something.

Q2 次の日本語の文に合うように, ＿＿ に適する語を書きましょう。 (5点×3＝15点)

(1) マイクは上手に日本語を話すことができます。

Mike __can__ speak Japanese well.

(2) 彼らは幸せになりたいです。

They __want__ to be happy.

(3) その少女は一輪車に乗ることができますか。

__Can__ the girl ride a unicycle?

Q3 次の日本語の文に合うように,（　　）内の語を並べかえ, ＿＿ に書きましょう。ただし, 文のはじめにくる語も小文字になっています。 (7点×3＝21点)

(1) あなたは上手にバスケットボールをすることができますか。
(you / can / play / basketball) well?

__Can you play basketball__ well?

(2) ミキは将来, オーストラリアに行きたいです。
(Miki / wants / to Australia / to go) in the future.

__Miki wants to go to Australia__ in the future.

(3) その女性は上手におどることができます。
(the / can / woman / dance) well.

__The woman can dance__ well.

Q4 次の日本語の文を英語の文にかえ, ＿＿ に書きましょう。 (11点×4＝44点)

(1) 私は将来 (in the future), 先生 (a teacher) になりたいです。

__I want to be a teacher in the future.__

(2) 私は上手に (well) 英語 (English) を話すことができません。

__I can't[cannot] speak English well.__

(3) 私のお父さん (my father) は速く (fast) 走ることができます。

__My father can run fast.__

(4) 彼はピアノ (the piano) を演奏することができません。

__He can't[cannot] play the piano.__

③